U0620649

国学经典读本

孝经 大学 中庸

汪受宽 金良年/译注

上海古籍出版社

总　目　录

孝　经

汪受宽　译注

目　录

附录

前　言

作为儒家十三经之一的《孝经》,在中国传统文化体系中占有重要位置。它以简要通俗的文字,阐述古人视为一切道德根本的孝道,古代学者将其称作儒家六经的总汇,并世代作为孩童启蒙教育的主要教材。先后有魏文侯、晋元帝、晋孝武帝、梁武帝、梁简文帝、唐玄宗、清世祖、清圣祖、清世宗等君王和五百多位学者为该书作注解释义。《孝经》不但被历代统治者奉为治理天下的至德要道,同时也是普通百姓做人的基本道德准则。时至今日,传统孝道的内涵已发生变化,但其基本精神在任何时代都有其价值,发掘其中的合理成分,以为今用,仍是一项必要的工作,而梳理经文,阐释大义,并在此过程中有所甄别,则是该项工作最基本、最有效的方法之一。

一、书名与内容

孝是中国古代子女善待父母长辈的伦理道德行为的称谓。《尔雅》中说:“善事父母曰孝。”《说文解字》“老部”中解释:“孝,善事父母者。从老省,从子,子承老也。”儒学礼书《礼记·祭统》中也说:“孝者,畜也。顺于道,不逆于伦,是之谓畜。”都把赡养父母作为孝的基本内容。但是孔子却批评这种观点,在《论语·

为政》中驳斥道:“今之孝者,是谓能养。至于犬马,皆能有养,不敬,何以别乎?”孟子也在《孟子·万章上》中言:“孝子之至,莫大于尊亲。”孔子和孟子给孝赋予了崇敬父母的内容,以便与一般动物的照料其上代相区别。孔子的后学,更对孝进行了全面的定义。在《礼记·祭义》中,曾参说:“孝有三:大孝尊亲,其次弗辱,其下能养。”这样,所谓孝有三等:最上是尊亲,即爱戴和崇敬父母,立身行道以扬名显亲和传宗接代;其次是不辱,即不亏身体,不辱自身和为亲复仇。最后是养亲,即养口体,侍疾病,顺其意,乐其心,重其丧。

孝这一道德意识,是原始先民生殖崇拜和祖先崇拜的发展。大约在八千至一万年前,中华大地的许多地方已经开始了农业生产,并逐渐形成了农业社会。在落后的生产力条件下,从事农业生产必须有足够的劳动力,从而造成了华夏先民很早就有了生殖崇拜,以祈求人类自身繁衍能力的加强。在青海乐都柳湾出土的人形陶壶上,塑了一位有明显乳房和生殖器的女性。形如男性生殖器的石祖、陶祖,则到处都有发现。许多原始岩画表现有男女交媾的形象。辽宁喀左东山嘴红山文化建筑群址,出土有一腹部突起,臀部肥大,有女阴标志的孕妇塑像。这种崇拜是人类因其出生而自然产生的。另外,从事农业劳动,必须有丰富的经验和技能,这就造成了先民对家中年长者的尊敬,因为年长者有很丰富的劳动经验和高明的技术。神农和后稷的故事,就是这种尊崇有劳动经验长者风气的最早遗留。而在老人死后仍继续这种崇敬,就成为祖先崇拜。早期各个家族对自己祖先世系及其神化了的事迹的传说,是这种崇拜的表现之一。《尚书·尧典》中记载四岳推荐虞舜担任帝尧的继承人,说他是“瞽子,父顽,母嚚,象傲,克谐,以孝烝烝,乂(yì,治理,安定)不格奸”。意思是说，他是一个瞎子的儿子，父亲固执，母亲放肆，弟弟象傲慢，却能以孝道使得家庭安定和睦，不至于出乱子。据说，帝尧任命虞舜协调人伦关系，引导民间父义、母慈、兄友、弟恭、子孝。可见，至迟在传说的五帝时期已经有了孝的概念。

周初制定以血缘关系为纽带的宗法制度，使孝成为一种正式的人伦规范和礼仪制度。《诗经》中屡屡言及孝。如《蓼莪》写道：“蓼蓼者莪，匪莪伊蒿。哀哀父母，生我劬劳。蓼蓼者莪，匪莪伊蔚。哀哀父母，生我劳瘁。瓶之罄矣，维罍之耻。鲜民之生，不如死之久矣。无父何怙，无母何恃！出则衔恤，入则靡至！”春秋战国时代，儒家、道家、墨家、纵横家、法家都讲孝道。儒家将孝视为“三皇五帝之本务而万事之纪也”[①]，“夫孝，天之经也，地之义也，民之行也”，“夫孝，德之本也，教之所由生也”[②]，提到了非常高的位置。墨家也不甘落后，提出“孝，利亲也”[③]。又说，“君子莫若欲为惠君、忠臣、慈父、孝子、友兄、悌弟，当若兼之不可不行也。此圣王之道，而万民之大利也”[④]。道家虽然反对儒家伦理道德的说教，却仍然提倡孝行，在《老子》第十九章中提出：“绝仁弃义，民复孝慈。”纵横家也将孝道视为政治的重要内容，《战国策·楚策三》载，苏秦对楚王说：“仁人之于民也，爱之以心，事之以善言。孝子之于亲也，爱之以心，事之以财。忠臣之于君也，必进贤人以辅之。”甚至法家也认定孝在治国中极为重要，而声言：“臣事君，子事父，妻事夫，三者顺则天下治，三者逆则天下乱。”“孝子不非其亲”，“家贫则富之，父苦则乐之”[⑤]。可见，到秦统一以前，孝已成为当时诸家公认的一种道德观念。在汉武帝“废黜百家，独尊儒术”以后，孝道正式成为统治者教化的根本和治国的有力武器，并随着历史的发展，而日渐深入人心，成为一种民族道德观点和文化心理，而历久常新地沉淀了下来。

《孝经》是儒家阐述其孝道和孝治观的一部著作。我们知道，先秦时儒家的六部经典《诗》、《书》、《易》、《礼》、《春秋》、《乐》皆不称“经”，为什么惟独《孝经》以“经”为名呢？所谓经，本来指织布时拴在织机上的竖纱，编织物的纵线。与纬（横线）相对。织物没有经线就无法造成布帛，而且在织布时，经线始终不动，只有纬线在不停地穿插于经线之中。因而经就有了纲领的意思，有了常的意思，有了根本原则的意思。故而，《释名·释典艺》言：“经，径也，常典也。如径路无所不通，可常用也。”以此推之于社会，要实现国家的治理，有千头万绪，必须为之建立纲领，行事才有条理和规矩，所以将治理天下称为“经纶天下”。如《易·屯卦》称：“君子以经纶。”《周礼·天官大宰》言：“以经邦国，以治官府。”以此推之于人的行为，如果没有一条贯通的道德标准原则，人们就不知道如何去做，因而当时将圣哲者阐述其基本思想理论，可以垂训天下的书籍称为经。如汉代称孔子整理的六部著作为“六经”。先秦即有将重要著作称“经”的。《国语·吴语》中有“十行一嬖大夫，建旌提鼓，挟经秉枹”。称兵书为经。甘公和石申的天文学著作合编，称为《甘石星经》。相传为古医书的，称《内经》、《难经》。墨子自著之《墨经》中有《经上》、《经下》、《经说上》、《经说下》诸篇名。先秦诸家在学术上互相驳难，亦相互浸染。在这种情况下，儒家将自己关于孝道观的著作称为《孝经》，也就不足为奇了。

对《孝经》之命名，前人多有诠释。班固《汉书·艺文志》孝经类小序言：“夫孝，天之经，地之义，民之行也。举大者言，故曰《孝经》。”敦煌本郑氏序言：“夫孝者，盖三才之经纬，五行之纲纪。若无孝，则三才不成，五行僭序。是以在天则曰至德，在地则曰愍德，施之于人则曰孝德。故下文言，夫孝者，天之经，地之义，人之行，三德同体而异名，盖孝之殊途。经者，不易之称，故曰《孝经》。”由此说来，《孝经》之“经”字，是指孝为贯通天地人三才的一种大经纬、大道理，是做人的准则和行为规范，也是人们如何行孝的具体方法说教。

《孝经》有今文本和古文本的不同。本译注所用正文底本，为清阮元校勘的唐玄宗“御注”的《今文孝经》十八章本。《孝经》十八章，大体可分为六个部分，其内容是：

第一章《开宗明义章》，是全书的总纲，总述孝的宗旨和根本，阐明孝道是做人的最高的道德，是治理天下最好的手段。

第二章至第六章，分别论说天子、诸侯、卿大夫、士、庶人这五种贵贱不同者孝行的不同要求，统称为“五孝”。第二章《天子章》，论一统天下的天子的孝，主要是广爱敬，使民众有所依赖。第三章《诸侯章》，论诸侯的孝道，主要是随时戒惧，谦虚审慎，以保其社稷。第四章《卿大夫章》，言卿大夫的孝道，是在各方面严格遵守礼制，为民众作出表率。第五章《士章》，认为士的孝道，应以事父事母的爱和敬，去事君以忠，事上以顺。第六章《庶人章》，指出庶人之孝，就是努力生产，谨慎节用，供养父母。并总结道，人无论尊卑贵贱，只要始终如一，都能做到孝。

第七章至第九章，阐述孝道对政治的意义和作用，是该书孝治观的主要部分。第七章《三才章》，认为孝是符合天地运行和人的本性的行为，是德政的根本。第八章《孝治章》，论说从天子到庶人只要以孝道治理所辖之天下、侯国和家庭，就能达到长治久安和无灾无难的目的。第九章《圣治章》，以周公为例，说明圣人是如何用孝道使天下得到治理的。

第十章和第十一章，进一步论说如何行孝。第十章《纪孝行章》,提出孝子事亲有“五要三戒”,否则即使每天给父母吃得再好,也是不孝。第十一章《五刑章》,从反面论说孝行,提出要挟君主、非议圣人、目无父母这三种不孝的行为,是天下祸乱的根源。

第十二章至第十四章,是对第一章中的三句话予以进一步阐述。其中前两章是论说君主如何利用孝道治理国家、感化民众。第十二章《广要道章》,言国君以孝治国的最佳方法,是一个敬字,敬人之父、兄、君,就能使所有人都变得善良。第十三章《广至德章》,言国君利用孝道教化民众,主要是自己在孝、悌、臣这三方面作出道德的榜样。第十四章《广扬名章》,讲孝道与扬名的关系。

第十五章至第十八章,论述行孝道的几个具体做法。第十五章《谏诤章》,指出为人子和为人臣者,在以孝道事父事君时,不可一味顺从,遇其不义,要敢于进行谏诤。第十六章《感应章》,言君主若能听从谏诤之言,就能感动天地神明,降福人间。第十七章《事君章》,论说臣子事君要尽忠补过、顺美救恶,使上下相亲。第十八章《丧亲章》,阐明孝子在办理丧事和祭祀时应有的表现和具体做法,以作为孝论的总结。

二、作者与成书年代

先秦甚至西汉,人们著书一般都不标作者姓名。先秦诸子,虽题为某子,实际上不一定为该子所作,而可能是其弟子门人及后人的手笔。这种风气,流行颇久。以至出现了秦始皇读《孤愤》、《五蠹》,叹不“得见此人,与之游”[⑥],汉武帝读《子虚赋》,伤“朕独不得与此人同时哉!”[⑦]只是经李斯、杨得意二人当时揭破,后人才不至对韩非、司马相如的著作权发生怀疑。而其他许多先秦典籍就没有这么幸运,那些不标作者姓名的作品,往往引起后代诸多辨伪者的疑窦,从而对其作者和成书年代众说纷纭。

《孝经》也是如此,历来不标其作者。故而关于其作者和成书年代问题,历代学者聚讼不已,看法颇多。

最早提及《孝经》作者的是《史记·仲尼弟子列传》,文中说:"孔子以(曾参)为能通孝道,故授之业。作《孝经》。"这是第一种看法,说该书为曾参所作。

而《汉书·艺文志》孝经类小序言:"《孝经》者,孔子为曾子陈孝道也。"同样出自班固之手的《白虎通义·五经》也言:"孔子……已作《春秋》,复作《孝经》何?"都称该书为孔子自作,这是第二种看法。

宋司马光《古文孝经指解序》言:"圣人言则为经,动则为法,故孔子与曾参论孝,而门人书之,谓之《孝经》。"清毛奇龄《孝经问》言:"此是春秋、战国间七十子之徒所作,稍后分《论语》,而与《大学》、《中庸》、《孔子闲居》、《仲尼燕语》、《坊记》、《表记》诸篇同时,如出一手。故每说一章,必有引经数语以为证,此篇例也。"《四库全书总目提要》该书提要言:"今观其文,去二戴所录为近,要为七十子徒之遗书。使河间献王采入一百三十一篇中,则亦《礼记》之一篇,与《儒行》、《缁衣》转从其类。"这是第三种说法,认为是孔子的弟子当时所记,或事后所作。

南宋晁公武《郡斋读书志》言:"今其首章云'仲尼居,曾子侍',则非孔子所著明矣。详其文书,当是曾子弟子所为书。"南宋王应麟《困学纪闻》卷七引胡寅语云:"《孝经》非曾子所自为也。曾子问孝于仲尼,退而与门弟子言之,门弟子类而成书。"这是第四种看法,言为曾参弟子所作。

《困学纪闻》卷七又言:"冯氏曰:子思作《中庸》,追述其祖之语,乃称字,是书当成于子思之手。”则冯椅指实该书为曾参弟子、孔子之孙子思所作,这是第五种看法。

宋朱熹《孝经刊误后序》引胡宏、汪应辰语,说:“衡山胡侍郎疑《孝经》引诗,非经本文;玉山汪端明亦以此书多出后人附会。”这是第六种,后人附会说。

近人王正己《孝经今考》说:“总之《孝经》的内容,很接近孟子的思想,所以《孝经》大概可以断定是孟子门弟子所著的。”这是第七种说法,认为是孟子弟子所作。

明吴廷翰《吴廷翰集·椟记》卷上《孝经》条言:“《孝经》一书,多非孔子之言,出于汉儒附会无疑。”清姚际恒《古今伪书考》言:“是书来历出于汉儒,不惟非孔子作,并非周秦之言也。”今人黄云眉《古今伪书考补证》言:“然则此书之为汉人伪托,灼然可知。”这是第八种说法,言为汉人所伪托。

要弄清《孝经》的作者,必须先设法确定该书撰成年代的大体坐标。成书于秦王政六年(前 241)的《吕氏春秋》[8],几次征引《孝经》的文字。其《察微》篇言:“《孝经》曰:‘高而不危,所以长守贵也;满而不溢,所以长守富也。富贵不离其身,然后能保其社稷,而和其民人。’”其《孝行》篇有“故爱其亲,不敢恶人;敬其亲,不敢慢人。爱敬尽于事亲,光耀加于百姓,究于四海,此天子之孝也。”与《孝经》之《诸侯章》《天子章》除个别文字有异外,基本相同,明显系引自该书。由此可知,《孝经》最迟撰成于公元前 241 年以前。汉儒伪撰说是站不住脚的。

另外,《汉书·艺文志》中著录有《杂传》四篇,王应麟《汉书艺文志考证》断言:“蔡邕《明堂论》引魏文侯《孝经传》,盖杂传之一也。”清人王谟辑有魏文侯《孝经传》一卷,收于《汉魏遗书抄》中,清人马国翰也辑有魏文侯《孝经传》一卷,收于《玉函山房辑佚书》中。在汉唐人的著作中,对魏文侯《孝经传》屡有引述。如《后汉书·祭祀志中》注引蔡邕《明堂论》言:“魏文侯《孝经传》曰:‘太学者,中学明堂之位也。’”贾思勰《齐民要术·耕田》引述:“魏文侯曰:‘民春以力耕,夏以镪耘,秋以收敛。’”可见,魏文侯撰《孝经传》(古称注为“传”)乃为不争之事实。魏文侯名斯(又作“都”),为战国初魏国君主,《史记·魏世家》说他在位三十八年(前445—前408),而《世本》云其在位五十一年(前445—前396)。魏文侯礼贤下士,任用李悝、翟璜、吴起、乐羊、西门豹、卜子夏、段干木等人改革政治,发展经济,使魏国在战国初年成为最强的一个国家。当时,诸侯争相攻战,唯有魏文侯好学,他曾向孔子的高足弟子卜子夏(前507—?)学习经艺,又以子贡的弟子田子方和子夏的弟子段干木为师。《汉书·艺文志》诸子略儒家类,著录有“《魏文侯》六篇”,其中即包括《孝经传》四篇。班固为免重复,故而在“《孝经》类”中未再明言《杂传》为魏文侯作。既然魏文侯能为《孝经》作注,则《孝经》的成书时间最迟也应在公元前396年以前。而孟子约生于公元前372年,逝于公元前289年。他的弟子一般应比他的年龄为轻,都生于魏文侯之后百年。故孟子弟子作《孝经》说,亦属于稽之说。

排除了第七、八两种说法,第六种后人附会说,因其难以明晰,亦可置而不论。其他五说的作者,孔子(前551—前479)生活于魏文侯之前,曾参(前505—前436)、子思(前483—前402)大体与魏文侯同时或稍早。《史记·仲尼弟子列传》一文,记载有孔子的三十五名高足的年龄,其中最年幼的楚人公孙龙(非战国名家代表人物之赵人公孙龙)比孔子小五十三岁,即出生于公元前499年。至于曾参弟子,年龄应该与魏文侯大体相近或稍幼。两者皆不可排除。

研究《孝经》中的人名称谓，是解决其作者问题的途径之一。古代著作对人的称谓十分重视。称名，称字，称君，称子，各有不同。何况孔子是史家书法的创始者。孔子在《论语·子路》中言："名不正，则言不顺；言不顺，则事不成。"他作《春秋》，"约其文辞而指博。故吴楚之君自称王，而《春秋》贬之曰'子'；践土之会实召周天子，而《春秋》讳之曰'天王狩于河阳'：推此类以绳当世。贬损之义，后有王者举而开之"[9]。《春秋》中，"凡弑君，称君，君无道也；称臣，臣之罪也"[10]。既然《孝经》是孔子或孔门弟子之作，当亦十分注意人名的称谓问题。《孝经》中关于具体人的称呼，仅有称孔子的"仲尼"、"子(曰)"，称曾参的"曾子"、"参"。仲尼为孔子的字。《仪礼·士冠礼》言："冠而字之，敬其名也。"字是供他人称呼以示敬重的别名。既然《孝经》中有称孔子之字"仲尼"的，则该书显然不是孔子所作。再说书中多次出现的"子曰"的说法。其"子"当指孔子而言。邢昺《疏》云："《正义》曰，子者，孔子自谓。案《公羊传》曰：子者，男子通称也。古者谓师为子，故夫子以子自称。曰者，辞也。"其中"孔子自称"的说法，明显系出自其孔子自作《孝经》说，不可为据。查《十三经》中，出现有数百次"子曰"，皆是在各种场合孔子言论的标示，很难找到孔子用"子曰"来称呼自己言辞的。故而，"子曰"二字，不能成为孔子作《孝经》的证据。至于"曾子"二字，当然是曾参的敬称。我们查阅《论语》各章，孔子话语中对其学子的称谓，都是称名。如，称子贡为"赐"，称颜回为"回"，称仲由为"由"，称子夏为"商"，称曾参为"参"，无一例外。若《孝经》真是孔子所作，他怎么可能以弟子的口吻称自己的学生曾参为"曾子"？由此，可以肯定，《孝经》绝不是孔子自作。此例同时也可以否定曾参作《孝经》说。因为，曾参不可能在自己的著作中自称为"曾子"。

至于书中“参”之一名，仅在《开宗明义章》中出现一例。其文为“曾子避席曰：‘参不敏，何足以知之？’”显然不是《孝经》作者对曾参的称谓，而是曾参在对孔子问话答辞中的自称。古代有讳名的习惯，即不可直呼尊者敬者之名。但是在尊者敬者同辈面前，却应自称己名，以示谦恭。《白虎通义·姓名》言：“‘君前臣名，父前子名。’谓大夫名卿，弟名兄也。明不讳于尊者之前也。”如《孟子·离娄下》：“子思居于卫，有齐寇。或曰：‘寇至，盍去诸？’子思曰：‘如伋去，君谁与守？’”伋为子思自称名。曾参在《孝经》中自称为“参”，是其在师尊面前的谦恭。此称谓既为引语，因而，此例不能作为《孝经》为曾参所作的证据。从书中作者称孔子为“仲尼”、“子”，称曾参为“曾子”看，其人有可能是曾参的弟子。但也不排除是孔子门人的可能。我们知道，孔子有三千弟子，其中“受业身通者七十有七人”[11]，曾参即为其中之一。曾参以道行著称，受到同学诸生的敬重。《论语》为孔子弟子及再传弟子所记，其中，除孔子话语外，凡提到曾参，都尊称为“曾子”。总之，从称谓分析，《孝经》绝不是孔子或曾参所作，而可能是曾参弟子或孔子弟子所作。

然而，能否在孔子弟子或曾参弟子中实指某人为《孝经》作者呢？《困学纪闻》卷七言：“冯氏曰：子思作《中庸》，追述其祖之语，乃称字，是书当成于子思之手。”此乃冯椅推测子思作《孝经》之言，无多证据。子思是孔子的孙子，曾参的学生，儒家学派的重要传人。《史记·孔子世家》附有其简传，言：“伯鱼生伋，字子思，年六十二。尝困于宋。子思作《中庸》。”《史记·孟子荀卿列传》言：“孟轲受业子思之门人。”前一段记载据后人研究，有错误之处。梁玉绳《史记志疑》考订，子思当享年八十二岁。《汉书·艺文志》诸子略儒家类有《子思》二十三篇，且自注云：“名伋，孔子孙，为鲁缪公师。”《孔丛子》以四分之一以上的篇幅记载了子思的言行[12]，包括其撰《中庸》之书四十九篇的事。其《记问》篇载，孔子对子思十分赞赏，曾欣慰地说：“吾无忧矣，世不废业，其克昌乎！”《大戴礼记》中所收《曾子》十篇，其中的《曾子本孝》、《曾子立孝》、《曾子大孝》、《曾子事父母》四篇，都是论孝道的，而且内容“与《孝经》相表里”[13]。但上文已经考定，《孝经》不可能是曾参所作。故而有必要从思想上考证，《孝经》是否为曾参弟子子思所作。《子思》一书久已佚失。《隋书·音乐志上》载沈约言：“汉初典章灭绝，诸儒捃拾沟渠墙壁之间，得片简遗文，与礼事相关者，即编次以为礼，皆非圣人之言。……《中庸》、《表记》、《防(坊)记》、《缁衣》，皆取《子思子》。”查今本《礼记》上述四篇，有多处论及孝道。《坊记》载：“子云，善则称亲，过则称己，则民作孝。”“子云，从命不忿，微谏不倦，劳而不怨，可谓孝矣。”“子云，小人皆能养其亲，君子不敬，何以辨？”“子云，长民者，朝廷敬老则民作孝。”“子云，祭祀之有尸也，宗庙之有主也，示民有事也。修宗庙，敬祀事，教民追孝也。”“子云，孝以事君，弟以事长，示民不贰也。……丧父三年，丧君三年，示民不疑也。”《中庸》载：“子曰，舜其大孝也与，德为圣人，尊为天子，富有四海之内，宗庙飨之，子孙保之。”“周公成文、武之德，追王大王、王季，上祀先公以天子之礼。”“子曰，武王、周公其达孝矣乎。夫孝者，善继人之志，善述人之事者也。……爱其所亲，事死如事生，事亡如事存，孝之至矣。”《表记》载：“子言之，君子之所谓仁者，其难乎。《诗》云：‘恺弟君子，民之父母。’恺以强教之，弟以说安之，乐而毋荒，有礼而亲，威庄而安，孝慈而敬，使民有父之尊，有母之亲，如此，而后可以为民父母矣。非至德，其孰能如此乎？”皆与《孝经》有相近相似之处，或可与《孝经》相发明。在这种情况下，子思完全有可能追述其祖孔子的思想,依据其师曾参的传授,再加上自己的发挥,撰作《孝经》。

可见,无论从时间上、传授上,还是从思想上,子思都可能是《孝经》的作者。子思的年龄大体与魏文侯相当,而逝世于其前后数年。由于魏文侯有尊贤之名,子夏等人都在魏受到厚遇,子思就有可能到过魏都安邑。魏文侯为《孝经》作注,就不足为怪。而在当时,该书从撰成到传至魏文侯之手当需要时日,而魏文侯为其作注又需时日。故而,子思撰写《孝经》可能在魏文侯逝世之前十年至二十年,即约公元前 428—前 408 年之间。

三、今古文之谜与《孝经》传承

和其他先秦儒家经典一样,《孝经》也存在着今古文之争。

《孝经》撰成后,经魏文侯作注,在社会上有较大影响,故而能被《吕氏春秋》等典籍所征引。秦始皇焚书,给中国文化典籍的传承造成极坏的影响。许多先秦古籍,因为焚书和藏书之禁而被毁灭或遭散乱。《孝经》亦在禁书之列,但有人冒着生命危险将其收藏。汉惠帝四年(前 191)废除禁止挟书的律令,儒生于是重又在民间传授儒家经籍。据说,河间(今河北献县东南)人颜芝收藏的《孝经》,由其子颜贞传出,共十八章。河间献王刘德将此书献于朝廷,遂为学者用以授业。为了传授方便,学者将该《孝经》用当时通行的隶书体书写,后人称之为《今文孝经》。汉文帝倡导儒学,设置供顾问的博士七十余人,就包括《论语》、《孝经》、《尔雅》、《孟子》博士。汉武帝又诏令谒者陈农访求天下遗书,经学得到更大的发展。当时以传授《今文孝经》名家的,有长孙氏、博士江翁、少府后仓、谏议大夫翼奉、安昌侯张禹等人。

汉景帝的儿子刘余分封于鲁,称鲁恭王。他为了扩大其宫室，而拆毁了孔子故宅，在一堵旧墙中发现了一批古竹简书，据说包括《尚书》、《左传》、《论语》、《孝经》、逸《礼》等，大概是秦焚书时孔家人藏起来的。鲁恭王将这批古书送还孔家。孔家一位懂得先秦文字的学者、侍中孔安国对这些竹简书进行了整理研究，发现此《孝经》与通行的《今文孝经》不完全相同，总共有二十二章。除了将今文的两个章节分为五个章节以外，还多出了《闺门章》一章。由于该《孝经》是用先秦籀文写成的，故而后来称之为《古文孝经》。据说孔安国为该书作了传注。桓谭《新论》说："《古孝经》千八百七十二字，今异者四百余字。"但东汉人对《古文孝经》的传出还有另一种说法，许冲《献父〈说文解字〉上皇帝书》言："（许）慎又学《孝经》孔氏古文说。《古文孝经》者，孝昭帝时，鲁国三老所献，建武时给事中、议郎卫宏所校。皆口传，官无其说，谨撰具一篇并上。"其实，这二者并不矛盾。据传为孔安国所作的《古文孝经序》（疑为东汉人所托）就将二者统一了起来。该序言："鲁共王使人坏夫子讲堂，于壁中石函得《古文孝经》二十二章，载在竹牒，其长尺有二寸，字科斗形。鲁三老孔子惠抱诣京师，献之天子。天子使金马门待诏学士与博士群儒，从隶字写之，还子惠一通，以一通赐所幸侍中霍光。光甚好之，言为口实。时王公贵人咸神秘焉，比于禁方。天下竞欲求学，莫能得者。"由于当时《今文孝经》已列为官学，研习者有利可图，故而他们反对将诸古文列入官学。《古文孝经》始终深藏中秘，而未得流传。

西汉成帝时，宗室刘向奉命主持整理中秘藏书。他以《今文孝经》为主本，用《古文孝经》对其进行了整理删定，定为十八章，而通行于世。刘向之子刘歆所撰《七略》，专门在"六艺略"中列"孝经"一类[14]。收入《孝经古孔氏》一篇，二十二章，即相传为孔安国作注的《古文孝经》。又收入《孝经》一篇,十八章,有长孙氏、江氏、后氏、翼氏四家,这是《今文孝经》。经刘向整理的《今文孝经》有郑众、马融的注,据传还有东汉大经学家郑玄的注。但从今传所谓郑序看,更可能是郑玄之孙郑小同所作。当时今古文《孝经》的差别,只在于分章的多少,个别文字的差异,以及讲说的不同。这就是西汉今、古文《孝经》源流的大概情况。

魏晋南北朝时,今古文《孝经》并行于世。曹魏郑称、王肃,孙吴韦昭,晋殷仲文、谢万,南齐永明诸王、刘瓛等人皆为之作注。梁武帝更是大倡《孝经》,他将孔注古文和郑注今文《孝经》都立于国学,且亲自作《孝经义疏》十八卷。同时,萧子显、严植之、皇侃、周弘正等也各自为《孝经》作注。梁简文帝即位,出现侯景之乱。萧绎在江陵即位,即后称为梁元帝者。他平定侯景之乱,将建康(今南京)的藏书都运至江陵,总数达十四万卷。554年,西魏军队围攻江陵。在城将陷落时,梁元帝将所有图书全部焚毁。据说,《古文孝经》自此失传。

隋朝建立后,大力搜求古籍,弘扬学术。开皇十四年(594),秘书学士王孝逸在京师(今陕西西安)街市上从"陈人"手里买到一册《古文孝经》,送给了著作郎王劭。王劭将该书交给经学大家刘炫进行校定。刘炫于是作《孝经述议》五卷,且作序,说明该书的来龙去脉,并以之对学生进行讲授。隋文帝下诏将刘炫校定的《古文孝经》与郑氏注的《今文孝经》都著于官籍,颁行天下。但当时的学者纷纷传说该《古文孝经》为刘炫伪撰,而不是孔氏的旧本。所以《隋书·经籍志》在著录该书时,注明"今疑非古本"。隋时,陆德明作《经典释文》,其《孝经音义》即据《今文孝经》[15]。

《孝经》在唐代极为盛行。贞观间,魏徵主持编定的《群书治要》收有《今文孝经》十七章及郑氏注，缺第十八章。开元七年(719)，唐玄宗诏令群儒讨论《孝经》今古文的优劣。左庶子刘知幾力主《古文孝经》孔传，上书玄宗，以十二条理由论所谓《孝经》郑注并非郑玄所注，因而请求废郑行孔。而国子祭酒司马贞力主今文，言《今文孝经》郑注流传有绪，而《古文孝经》本已佚失，今传者为近儒伪作，"非宣尼正说"，尤以《闺门章》一章为鄙俗。唐玄宗听从司马贞等人所议，去《闺门章》，以十八章本《今文孝经》为定本，于开元十年(722)和天宝二载(743)两次亲自对其进行注释，且撰成《孝经制旨》一卷。天宝四载，玄宗亲自以八分书写《孝经》，由太子亨撰额，刊勒《御制孝经注》于四面宽九尺高五尺的石板上，连成一圈，上有大亭，下为石台，通高二丈，立于京师国学[16]。人称为《石台孝经》，以供学子对勘抄正。自此以后，《今文孝经》凭借着唐玄宗的提倡，广为流传。《古文孝经》逐渐不为人所重。

唐玄宗《御注孝经》，当时就诏令元行冲为之作《疏》。此本在敦煌遗书伯 3274 号有存，见《敦煌古籍叙录新编》经部四。北宋咸平间，邢昺受诏以唐玄宗所定《孝经》正文及注为基础，据元行冲《疏》，撰成《孝经注疏》三卷，这就是收于《十三经注疏》中的《孝经注疏》。据说，《古文孝经》孔注在五代时已经亡佚，南宋晁公武《郡斋读书志》言："(《古文孝经》)独有孔安国注，今亡。"北宋至和元年(1054)，司马光见秘阁所藏《古文孝经》有经无传，遂作《古文孝经指解》献于仁宗。不久，范祖禹又进《古文孝经说》。自此以后，不少学者据司马光之说，驳今文而尚古文，成为学界一大公案。南宋朱熹认为《孝经》非孔子所作，于淳熙十三年(1186)作《孝经刊误》，搀合今古文，以今文前六章、古文前七章合为经一章，以其他部分并为传十四章，删改经文二百二十三字,从而开删改《孝经》之端。人称其为《孝经》学之宋学。其后之讲学者,颇以朱氏之本为据。元明清三代,更有不少学者遵从朱熹的路子,或主古文,或主今文,率以已意对《孝经》正文及诸家疏传进行删削补缀。如元吴澄《孝经定本》、董鼎《孝经大义》、明江元祚《孝经汇注》、清周春《中文孝经》皆是。清毛奇龄撰《孝经问》一卷,设答门人张燧问,从十个方面批驳朱熹《孝经刊误》和吴澄《孝经定本》,论《孝经》非伪书,刘炫无伪造《孝经》事,朱、吴二氏删经之弊等。《四库全书提要》卷三十二该书提要,论汉宋之学云:"汉儒说经以师传,师所不言,则一字不敢更。宋儒说经以理断,理有可据,则六经亦可改。然守师传者,其弊不过失之拘。凭理断者,其弊或至于横决而不可制。王、柏诸人点窜《尚书》,删削《二南》,悍然欲出孔子上,其所由来者渐矣。奇龄此书,负气叫嚣,诚不免失之过当。而意主谨守旧文,不欲启变乱古经之习,其持论则不能谓之不正也。"

清朝建立,统治者属意于以孝道来平息汉族的反抗。顺治皇帝亲自用石台本,对《今文孝经》进行注释,称《御注孝经》一卷。康熙皇帝又诏令臣工,仿《大学衍义》体例,成《钦定孝经衍义》一百卷,镂板颁行[17]。雍正皇帝又诏令儒臣比照诸家《孝经》注传,"精为简汰,刊其糟粕,存其菁华",于雍正五年(1727)编成集注,称《御纂孝经集注》。

历代为《孝经》今、古文二者之优劣争论不休,不知费了多少笔墨和口舌。平心而论,二者仅有分章和个别用字的不同,以及古文多《闺门章》一章二十二字,思想和宗旨并无差别,不必骤分门户,势如水火。宋人黄震《黄氏日钞》论道:"按,《孝经》一耳,古文、今文特所传微有不同。如首章今文云:'仲尼居,曾子侍。'古文则云:'仲尼闲居,曾子侍坐。'今文云:'子曰,先王有至德要道。'古文则云:'子曰,参,先王有至德要道。'今文云:'夫孝,德之本也,教之所由生也。'古文则云:'夫孝,德之本,教之所由生。'文之或增或减,不过如此,于大义固无不同。至于分章之多寡,今文《三才章》,'其政不严而治',与'先王见教之可以化民'通为一章。古文则分为二章。今文《圣治章第九》,'其所因者,本也',与'父子之道,天性'通为一章。古文亦分为二章。'不爱其亲,而爱他人者',古文又分为一章。章句之分合,率不过如此,于大义亦无不同。古文又云:'闺门之内,具礼矣乎!严父严兄。妻子臣妾,犹百姓徒役也。'此二十二字,今文全无之,而古文自为一章,与前之分章者三,共增为二十二。所异者亦不过如此。非今文与古文各为一书也。"其说颇为平允。

在隋唐以前,《古文孝经》孔氏注和《今文孝经》郑氏注角力争先,各有所宗。孔注于梁末失传。郑注自唐玄宗以后,亦渐危殆,至五代亦在中土失传。据说,周显德(954—960)中,新罗献《别序孝经》,即为郑氏注。而《崇文总目》又言,北宋咸平中,日本国僧奝然献郑注《孝经》。乾道中,熊克子复从袁枢处得郑氏注,刻于京口[18]。熊刻本郑注,后亦遗佚。清朝乾隆间,歙县鲍廷博委托其友汪翼沧乘海舶到日本时,代为搜寻,汪氏终于在长崎购得日本人太宰纯刊于享保十七年(1732)的《古文孝经孔注》一部,鲍氏于乾隆四十一年(1776)将其影刻于其《知不足斋丛书》中。太宰纯之《序》言:"夫古书之亡于中夏而存于我日本者颇多。"且断言:"孔传者,安国所作,无疑也。"嘉庆年间,乌程郑氏又从日本得刊本魏徵《群书治要》,其中的《孝经》十七章,有郑氏注。嘉庆六年(1801),鲍廷博又得到日本人冈田挺之于宽政癸丑(1793)所刊《孝经郑注》,据冈田挺之《尾识》言,他是以《群书治要》本《孝经》为主,补以注疏本而成是书。鲍氏将该书又在

《知不足斋丛书》中刊布。至此,失传已久的孔、郑二注,皆重又在中国学人前露面。《四库全书提要》首先否定日本《古文孝经》孔注本为真本,继而臧庸认为日本郑注本非真郑注,而自据诸古籍辑成《孝经郑氏解》一卷。现在看来,不仅日本之孔传为真古本,日本郑注本亦基本保存了古本郑注之要貌,是可以信赖的。后来,在日本陆续发现《古文孝经》的多个抄本,敦煌遗书中亦有郑氏注本及其序文,现在已经可以恢复隋唐时代通行之《孝经》郑注本的原貌了。我们研究《孝经》,还是要参考孔氏、郑氏等古注,否则岂不是在重蹈前人"春秋三传束高阁,独抱遗经究终始"的覆辙了?

四、《孝经》和孝道在历史上的影响与在当代精神文明建设中的作用

汉代纬书《孝经钩命决》言:"孔子曰:吾志在《春秋》,行在《孝经》。"[19]意思是,孔子的政治理论寄托在《春秋》之中,孔子的实践方法著明在《孝经》之中。《孝经》论说人们要行孝道、如何行孝道,并鼓吹统治者以孝道治天下,将道德、伦理和政治社会糅为一体,适应了古代立国之本的农业经济和以宗法家族为基础的社会结构的需要,因而受到历代统治者的尊崇和提倡。孝道成为其教化的根本和治国的基本方略。

还在秦朝时,其《法律答问》中就规定:"免老告人以为不孝,谒杀,当三环之不?不当环,亟执勿失。"[20]意思是对不孝的子弟,不必经过三次原宥的手续,就直接判以死刑。汉高祖在称帝后,马上高举孝道的旗帜,尊称其父为"太上皇",且下诏言:"人之至亲,莫亲于父子。故父有天下传归于子,子有天下尊归于父,此人道之极也。"[21]汉惠帝于四年(前191)下诏,免除那些"孝

弟力田者"的徭役。自惠帝始,汉代诸帝的谥号中都有一"孝"字,称孝惠帝、孝武帝等。颜师古解释说:"孝子善述父之志,故汉家之谥,自惠帝已下,皆称孝也。"原来,汉代皇帝谥号用孝字,是表明其坚持继承和执行了乃父的事业和意志。文帝开始设置《孝经》博士,给研究《孝经》有成绩者以优厚的俸禄,给孝悌者赐予布帛,让他们在民间作为倡导孝行的榜样。汉武帝独尊儒术,更以"旅耆老,复孝敬,举孝廉"作为其提倡和贯彻孝道的具体措施,并将《孝经》作为对太子、诸王进行教育的主要教科书,形成制度。这就是后来荀爽总结的,"汉制,使天下皆诵《孝经》,选吏则举孝廉,以孝为务也"[22]。宣帝时,下令郡国分别荐举孝弟、有行义者,任以官职。平帝元始三年(3)立学官,规定"郡国曰学,县、道、邑、侯国曰校。校、学置经师一人。乡曰庠,聚曰序。序、庠置《孝经》师一人"[23]。《孝经》成为官定的学校教本,迅速传播开来。两年后,征召天下有学问者及以《五经》、《论语》、《孝经》、《尔雅》教授者到京师,总计竟达数千人之多。东汉光武帝下诏命令期门羽林以上的武官和功臣子孙,"悉通《孝经》章句"。又将举孝廉作为通常补充官吏的主要途径,甚至直接以孝廉担任尚书郎、郡守、国相等要职。东汉诸帝要求天下人都讲诵《孝经》,以《孝经》师主持监试,经常褒奖孝行卓著者,以孝道作为王朝的国策。

魏晋南北朝时,各王朝都将《孝经》立于学官,而广加传播。曹魏和孙吴都鼓励诸儒注述《孝经》,出现了王肃、韦昭两种优秀的注本。南朝的好几位帝王亲自注释和宣讲《孝经》,太子、诸王乃至群臣亦时时集会讨论《孝经》。梁武帝还创设《孝经》事务的专门官职——置制《孝经》助教。为了普及《孝经》和孝的伦理,学者编出了《孝经图》、《大农孝经》、《正顺孝经》、《女孝经》等书。

《孝经》之学成为显学。北朝《孝经》也得到广泛传播。北魏孝文帝下诏,要求侯伏侯可悉陵将《孝经》译成鲜卑语,以便对贵族子弟进行教育。宣武帝和孝明帝都曾亲自主讲《孝经》。民众纷纷以行孝为荣,成为一种风气。晋李密的《陈情表》,就是他为了孝养祖母,而拒绝朝廷征召的表文。此时,尤为注重对孝道卓著者的表彰。《晋书》、《宋书》、《南齐书》、《梁书》、《陈书》、《魏书》、《南史》、《北史》都辟有专门的《孝义传》、《孝友传》等,记载那些"奉生尽养,送终尽哀,或泣血三年,绝浆七日,思《蓼莪》之慕切,追顾复之恩深;或德感乾坤,诚贯幽显"孝子的事迹[24]。

隋文帝建国伊始,就接受纳言苏威的意见,"唯读《孝经》一卷,足可立身治国"[25],将《孝经》立于国学,颁行天下,要求官民诵读。炀帝也下诏言:"孝悌有闻,人伦之本;德行敦厚,立身之基。"[26]

唐代从高祖李渊起,就卖力地提倡《孝经》,宣扬孝道。高祖下诏称:"民禀五常,仁义斯重;士有百行,孝敬为先。"[27]唐太宗亲自到太学听经师孔颖达讲《孝经》。高宗下令,以《道德经》和《孝经》为上经,作为贡举者的必修之课。唐玄宗两次注释《孝经》,亲书刊石,且于天宝三载下诏,令"天下家藏《孝经》,精勤教习。学校之中,倍加传授。州县官长,申劝课焉"。唐代科举考试中设童子科,规定十岁以下,能通一经及《孝经》、《论语》,每卷诵文十通者与官,通七经者与出身。自此以后,《孝经》更加广为流传,民间纷纷传抄诵读。连当时僻居西陲的敦煌,学子也大量抄录该书。在敦煌遗书中,我们就捡出 26 个编号的《孝经》卷子。

宋代自称为"教化有足观者"。宋太祖在征战倥偬之中,还不忘召见太原孝子刘孝忠,予以慰谕。宋太宗曾以草书两次书写《孝经》。淳化三年(992),他见淳化阁碑有其所书《千字文》,就说:"《千字文》非垂世立教之言。《孝经》百行之本,朕当躬书勒之碑阴。"遂赐所书《孝经》刻于淳化秘阁碑阴[28]。宋真宗亲自作《孝经诗》三章,与群臣唱和。宋仁宗召集辅臣到崇政殿观讲《孝经》。南宋高宗亲书《孝经》赐给大臣,刻于金石,颁于天下州学。当时,有的孝子为父母报仇而杀人,朝廷竟"壮而释之";有的子女愚蠢地割股挖肝掏眼为父母"治病",竟"咸见褒赏";有的家族数百千余口人同居,朝廷为之免去徭赋[29]。为表现其孝心,人们已无所不用其极。

辽、金、西夏、元等民族政权的统治者,也无不以提倡孝道作为其治国之本。西夏帝元昊以亲自创制的西夏文字翻译汉文《孝经》,供国人阅读。金朝有以女真文翻译的《国语孝经》,国学刊刻唐玄宗注《孝经》,颁发各级学校。金章宗言:"孝义之人,素行已备,虽有希觊犹不失为行善。"[30]认为不必计较孝子的品行缺陷。元世祖颁定国子学学制,规定"凡读书,必先《孝经》、《论语》、《孟子》……"[31]元成宗大德十一年(1307)中书右丞相孛罗铁木儿译成《蒙古字孝经》,进献,受到褒奖。据传为郭守敬之弟郭守正所编的《二十四孝》一书,选取自虞舜至宋朱寿昌等二十四人的孝行事迹为书,流传甚广。

《孝经》在明代受到更大的重视。明太祖称《孝经》是"孔子明帝王治天下之大经大法,以垂万世",下诏各地荐举孝弟力田之士,令府州县正官以礼遣送孝廉士至京师,但严格禁止"割股卧冰"等有伤身体的行为。明朝各皇帝几乎每年都旌奖孝义之家。清朝统治者更是不遗余力地倡导孝行,推崇《孝经》。清世祖、圣祖和世宗皆亲自注释《孝经》。清朝规定书院"读书之法,经为主,史副之。四书本经、《孝经》,此童而习之者"[32]。清初科举乡试和会试都有朝考疏，其内容为诏、诰、表、判与《孝经》、性理论等。其经解一门，亦以《易》、《诗》、《书》、《孝经》等十三经为题。国子监之书籍有康熙帝钦定《孝经衍义》，又有雍正帝《御纂孝经》书版，随时刷印供教学之用。对地方上发现的孝子，清帝或为之立孝子坊，或诏令入祀忠孝祠，或将其事迹载入史志。

孝道和《孝经》在中国历史上的影响已如上所述。一方面，它是统治者欺骗民众的精神枷锁，用以巩固其统治的政治工具；另一方面，它以尊老敬老为核心，以稳定家庭和社会为目标，经过两千多年的提倡和传播，已经沉淀为我们民族道德观念和文化心理的重要内容。在建设现代物质文明的今天，精神文明的建设已经摆到了极为重要的位置。那么，我们应该如何看待《孝经》及其所提倡的孝道呢？

毋庸讳言，多年来，国人的道德水准有所下降，不孝父母，不敬老人的事也时有所闻。有人将道德下降的责任归咎于改革开放后西方文化的影响。但是如果看到所谓儒家文化圈的一些国家和地区，其经济虽很发达，文化也很开放，可家庭中尊老敬亲之风并未削弱，则前说就很难站住脚。看来，当今国人道德下降的根本原因，是十年浩劫对传统道德的一概否定，和这一时期造成的一代人文化素质的低下。这一教训反过来告诫我们，建设新道德，不能脱离民族传统道德的土壤。因为，传统的伦理道德，有不少是反映人类社会发展中一般和共同要求的东西。这些内容，在扬弃了其中的历史糟粕以后，就可以成为我们建设精神文明的重要组成部分。从主流看，孝道是我们民族的传统美德之一，其中有许多值得发扬的东西。当然对其也不可一概肯定，而应该有分析、有批判地予以发扬或摒弃。

物质生活的现代化，呼唤着新型伦理道德的建设，传统孝道的继承和创新是其重要环节。让我们取其精华，去其糟粕，使《孝经》和孝道在传统伦理道德向现代道德规范的转变中发挥其应有的作用。

汪受宽

【注释】①《吕氏春秋·孝行览》。 ②《孝经》。 ③《墨子·经上》。 ④《墨子·兼爱下》。 ⑤《韩非子·忠孝》。 ⑥《史记·老子韩非列传》。 ⑦《史记·司马相如列传》。 ⑧《吕氏春秋·序意》言："维秦八年，岁在涒滩，秋甲子朔。"学者每据之以为该书撰成于秦王政八年。然而秦王政八年干支为壬戌，而涒滩为申，二者不合。清孙星衍考订"八"为"六"之误，定该书撰于秦王政六年。今据是说。 ⑨《史记·孔子世家》。 ⑩《左传》宣公三年。 ⑪《史记·仲尼弟子列传》。 ⑫《孔丛子》一书，世称为伪作。西北大学黄怀信同志发表文章，提出今本二十三篇的最终编定在东汉桓、灵之际。其师李学勤先生在《小尔雅校注序》中指出，"无论如何，《孔丛子》是孔子后裔的言行、作品的汇集。" ⑬阮元：《曾子十篇叙录》。 ⑭《七略》后遗失，其大体情形，见班固《汉书·艺文志》。 ⑮《经典释文自序》言："癸卯之岁，承乏上庠，因撰集五典、《孝经》、《论语》及《老》、《庄》、《尔雅》等音"云云。学者多据此言该书撰于唐贞观十七年(643)。按本传言陆德明在陈太建(569—582)时年已弱冠，若贞观十七年陆仍活着亦已九十岁上下，似不可能在如此高龄仍作此大著述。余嘉锡《四库提要辨证》经部二，据钱大昕、臧镛堂所考，定癸卯为陈至德元年(583)。589年隋灭陈，陆氏入隋，此书当才最后完成。 ⑯此石今尚存于西安碑林之中。 ⑰《养吉斋丛录》卷二十。 ⑱上说皆见《直斋书录解题》卷三。 ⑲据邢昺《孝经序疏》所引。 ⑳见《睡虎地秦墓竹简》，文物出版社1978年版，页195。 ㉑《汉书·高帝纪下》六年冬十月。 ㉒《艺文类聚》卷四十礼部下谥。 ㉓《汉书·平帝纪》元始三年夏。 ㉔《陈书·孝行传序》。 ㉕《隋书·儒林何妥传》。 ㉖《隋书·炀帝纪上》大业三年夏四月。 ㉗《全唐文》卷一,李渊《旌表孝友诏》。 ㉘《玉海》卷三十三《御书》。 ㉙《宋史·孝义传》。 ㉚《金史·孝友传序》。 ㉛《元史·选举志一》。 ㉜鄂尔泰:《征滇士入书院敕》。

译注说明

一、《孝经》一书有今文、古文之别，今文、古文又各有诸多不同的版本。本注译正文，采用《十三经注疏》刊清阮元所校唐玄宗“御注”的《今文孝经》十八章本。全书正文 1 799 字，章题 60 字，章序 44 字，总共 1 903 字。宋人郑耕老言，“孝经一千九百三字”。欧阳修《读书法》同。则今本与宋本字数全同。

二、为方便阅读，注译者将正文略加分节。

三、关于《孝经》的书名、作者、版本、注疏、流传与影响等情况，见本书前言。

四、原书中的异体字，一般皆改为规范字。仅有极个别必要的异体字予以保留。

五、题解系对该章题及有关问题作简要说明，以助读者理解。

六、《孝经》一书篇幅小且较为通俗，但因其蕴涵义理丰富，故历代注释极多，而分歧意见亦时有所见。本注释以通俗普及为宗旨，又要尽可能揭示其真谛，故而必要时进行了一些学术考辨。注释以郑玄注、唐玄宗注、邢昺《正义》为主，兼采诸家注说，个别歧见较大者，则加以考辨，略申己意。

七、古人称《孝经》为五经总汇，意为其内容概括了五经的精华。考虑到这一点,注释在以通俗语言释文释句和疏通大义的同时,亦杂引诸说,及先秦两汉学者议论,尤其是道德文化的论说和规范,以扩展其文化内涵,为研究者提供必要的参照材料,增加一般读者的有关文化知识。

八、译文以直译为主,辅以意译,力求通俗、流畅、准确、明白易晓,以便读者从中推寻原文字义。但《孝经》言简意赅,为充分揭示其丰富的内涵,译文在必要时添加一些词语,以畅其意。

九、为便于读者更多地理解《孝经》宗旨及其流绪,本书特设附录。其内容大体有二:其一为《知不足斋丛书》本《古文孝经》二十二章,并将其与今文本加以校雠,以使读者明了今、古文本之文字差异。其二为历代重要序跋。各序跋按其形成年代的先后排列。

开宗明义章第一

【题解】 章字从音从十，意为从一到十，十是数字的结束，章的本义是乐奏完毕，后来引申为篇籍的单位名称。今文《孝经》原分为十八章，据宋邢昺《孝经注疏》(以下简称《疏》)言，《孝经》旧无章名，南朝梁皇侃始定天子至庶人五章之名，标于各章正文之前。后来唐玄宗注《孝经》，集儒官反复讨论，又定其余各章之名，并标明各章次第。

本章题为"开宗明义"，开，是开张，揭示的意思；宗，是根本，宗旨的意思；明，是明显，显示的意思；义，是义理的意思。即在《孝经》的一开始就揭示和讲清孝的宗旨和根本，以明确其义理。本章主要阐述了孝道的内容及以孝治理社会的意义。指出孝道是道德的根本，一切教化都从孝道中来，孝的主要内涵开始于侍奉尊亲，中间是侍奉君主，即为国效劳，最终是以好的名声自立于天地人世之间。

仲尼居①，曾子侍②。

子曰③："先王有至德要道④，以顺天下⑤，民用和睦⑥，上下无怨⑦。汝知之乎⑧？"

曾子避席曰⑨："参不敏⑩，何足以知之⑪？"

子曰："夫孝⑫，德之本也⑬，教之所由生也⑭。复坐⑮，吾语汝！身体发肤⑯，受之父母⑰，不敢毁伤⑱，孝之始也⑲。立身行道⑳，扬名于后世㉑，以显父母㉒，孝之终也㉓。夫孝，始于事亲㉔，中于事君㉕，终于立身㉖。

"《大雅》云㉗：'无念尔祖㉘，聿修厥德。'㉙"

【注释】① 仲尼居：仲尼，孔子的字。据说，因孔子出生后，头顶中部凹下，四边凸起，犹如曲阜附近尼丘山的形状，又因其排行老二，古以行二者称仲，故而以仲尼为字，丘为名。古代对人不称其名而称其字，以示敬重。孔子(前551—前479)，春秋后期鲁国陬邑(今山东曲阜东南)人，中国古代著名的政治家、思想家、教育家，儒家学派的创始人。居，闲居，无事闲坐在室。 ② 曾子侍：曾子(前505—前436)，名参，字子舆，曾子为对其敬称，孔子弟子中的七十二贤人之一，又是著名的孝子，鲁国南武城(今山东枣庄附近)人。前人说，孔子认为他能通孝道，所以专门向他讲授孝。曾参被后代尊为"宗圣"。其著作，据传有《大学》和《曾子》等。侍，卑者侍奉在尊者之侧。侍有坐有立，此处当为侍坐在侧。 ③ 子曰："子"本为古代男子的通用美称。后来，孔子的门生弟子尊称孔子为"子"或"夫子"，孔子的言论亦专门以"子曰"引出。 ④ 先王：指古代的圣德之王，如夏禹、商汤、周文王、周武王。至德：最美好、最高尚的德行，即指下文之孝行。要道：最重要的事物当然之理，指孝道为一切道德中能以一统万的最根本的道德。 ⑤ 顺：顺从，使动用法，言使天下人心顺服。天下：指全社会之人。 ⑥ 用：因而，由此。 和睦：和，协调，融洽；睦，相亲。 ⑦ 上下：指各种人之间。古代为等级社会，人与人之间有上下尊卑的等级区分。 ⑧ 汝：此处指曾参。 ⑨ 避席：离席而立。先秦无凳子椅子，人们都铺席于地而坐席上。曾参本侍坐于侧，因孔子问话，曾参为表示对先生的恭敬，而起身离开坐席，站立回答。 ⑩ 不敏：敏，聪明，睿达，有智慧。不敏，为曾参自谦之词，犹言愚蠢，鲁钝。 ⑪ 何足以知之：足，够得上，配得上。此处为曾参自谦之词。 ⑫ 夫：发语词。 ⑬ 德之本：本，根本。 ⑭ 教之所由生：教，指教化，古代统治者用以引导和感化民众，以维持社会秩序及其统治的方法。全句意为，由于孝可以使人们相互亲爱，所以说，教化是从孝道中间产生的。 ⑮ 复坐：复，重新。因曾参回答问话后仍然站立着，故让其重新坐下。 ⑯ 身体发肤：身，头颈胸腹。体，四肢。发，身体的毛发。肤，皮肤。指人的肉体及其一切附生之物。 ⑰ 受之父母：受，接受。指子女的肉体是父母给予的。 ⑱ 不敢毁伤：毁伤，破坏，亏损为毁，见血为伤。意为要爱惜身体，不要使其受到伤害和破坏。曾参在临死前，要他的弟子们掀开被衾，看看他的手足有无损伤，然后欣慰地说："而今而后，吾知免夫！"（《论语·泰伯》）就是指其终身未曾受过刑戮，可以以完整的肉体归见父母之灵了。 ⑲ 孝之始也：始，开始，第一位的，首要的。指此为孝道最基本、最初的要求。 ⑳ 立身行道：立，树立，成就。立身，树立自身于天地之间，指有崇高的道德修养，成就功名与事业。 ㉑ 扬名：显扬名声，为他人所称道赞誉。古人对生前死后的名声十分重视。《论语·卫灵公》载："子曰：'君子疾没世而名不称焉。'"《史记·太史公自序》："太史公执迁手而泣曰：'……且夫孝始于事亲，中于事君，终于立身，扬名于后世，以显父母，此孝之大者。'" ㉒ 以显父母：显，光显，荣耀。用以荣耀父母的名声。儿子被社会和后人称道，使父母也感到和得到荣耀。《曾子·大孝》言："父母既没，慎行其身，不遗父母恶名，可谓能终也。" ㉓ 孝之终也：终，最后，终结。指孝道最后的、终极的或最高的要求。也有解释终为卒，即死而扬名后世。指在死后，能给后代留下美名，从而使父母在天之灵也感到荣耀。 ㉔ 始于事亲：始，开始，或言指孝道的初级阶段。事，奉事，侍奉，为某某服务。事亲即对父母行孝。 ㉕ 中于事君：中，即中间，指人的青壮年时，或指孝道的中级阶段。君，指君主。事君，即为仕，做官。本句意为，人成年为仕，要在事奉君主时表现出自己崇高的德行。 ㉖ 终于立身：终，最后，老年时，或言指孝道的终极阶段、最高要求。全句意为，孝子自幼年起侍奉父母以孝，成年后任官事君以忠，然后才能成就自己的名声，荣耀父母，实现修身立世的志向。 ㉗《大雅》：下引诗句见《诗经·大雅·文王》。《诗经》从体裁上分为风、雅、颂。风,又称国风,为各地民歌。雅为贵族应酬之歌,又分大雅和小雅。颂为庙堂乐歌。《文王》为大雅中的一首诗歌。据说,因为文王能受天命而开始周王朝的创业,故而作此诗,以歌颂其事迹。 ㉘无念:无,发声词,无义。念,想念。 尔祖:尔,你。你的先祖。此处为对成王说他的祖先文王。 ㉙聿(yù 玉)修厥德:聿,发声词,无义。厥,代词,其,指文王。意为要成王继承和发扬他的祖先文王的德行。

【译文】孔子闲居时,他的学生曾参侍奉在侧。

孔子说:“古代的圣德帝王拥有最美好的德行,掌握最重要的事物之理,用来治理天下,以便使天下人心顺服,天下百姓因此互相协调亲睦,上下尊卑都和和气气而没有怨恨。你知道吗?”

曾参离席站起来,恭敬地回答道:“学生愚蠢而不够聪明敏达,怎么能明白这样至关深刻的道理呢?”

孔子说:“孝,是道德的根本,对百姓的一切教化都是从孝道中产生的。你还是坐下,我讲给你听!人的身躯、四肢、毛发和皮肤,都是父母给予的,作为孝子就千万不敢使其有所亏损、毁坏和伤害,这是孝道的起点。而修立自身的崇高道德,为平民时独善己身,为官时施惠于社会,留给后世一个非常好的名声,从而使父母在天之灵也得到彰显和荣耀,这是孝道的终结。孝的实行,从侍奉自己的父母开始;中年做官,在侍奉君主时以忠诚体现出自己具有的孝道;最终在于扬名显亲,实现修身立世的宏伟志向。《诗·大雅·文王》中说:‘任何时候都要想着你的先祖,遵循他的榜样去修行你的功德。’”

天子章第二

【题解】在《孝经》中，对不同等级的人的孝有不同的要求，有所谓天子之孝、诸侯之孝、卿大夫之孝、士之孝与庶人之孝，合称为"五孝"。本章及以下四章即分别论说五孝。

天子，是古代对一统天下君主的称呼。《礼记·曲礼下》云："君天下曰天子。"《礼记·表记》中说："惟天子受命于天，故曰天子。"《白虎通义·爵》言："天子者，爵称也。爵所以称天子者何？王者父天母地，为天之子也。"由于天子是天下最尊贵的人，天子的行为是诸侯、卿大夫和士庶的榜样，在社会上影响甚大。而天子又是王朝的首脑，天下最高权力的掌握者，他的德行，对王朝的兴衰、发展至关重要，所以首先在本章中论说天子的孝。本章提出，天子之孝为广博的爱敬，在爱敬自己父母的同时，还要爱敬天下的父母，更要对百姓施以道德教化，成为天下人的榜样。这些意见，对天子的行为提出了较高的要求。

子曰①："爱亲者②，不敢恶于人③；敬亲者④，不敢慢于人⑤。爱敬尽于事亲⑥，而德教加于百姓⑦，刑于四海⑧。盖天子之孝也⑨。

"《甫刑》云⑩：'一人有庆⑪，兆民赖之⑫'。"

【注释】① 子曰：本章承接上章之文，还是孔子对曾参的讲话。自此及以下四章，皆为孔子一次所讲的话。故正文不再出“子曰”。 ② 爱亲者：爱，热爱，博爱，广泛地热爱。亲，父母。者，代词，此处指代人，约当现代汉语中的“的人”。本长句中的主语都是天子。言天子作为热爱自己父母的人。 ③ 不敢恶(wù 误)于人：恶，厌恶，憎恨，不喜欢。意为天子作为热爱自己父母的人就要扩大去热爱天下的父母亲。 ④ 敬：尊敬，恭敬，尊重。 ⑤ 不敢慢于人：慢，轻侮，怠慢。此句言天子要广泛地敬重他人。 ⑥ 尽于事亲：尽，竭尽。《群书治要》郑注：“尽爱于母，尽敬于父。”即对母亲尽爱心，对父亲尽敬心。全句意为，天子竭尽爱敬去侍奉父母。 ⑦ 德教加于百姓：德教，用道德进行教化。加，施行。百姓，本指贵族百官，此处则泛指中原华夏族人。 ⑧ 刑于四海：刑，《群书治要》本作“形”，与型字通，正也，法式，典范。四海，指四方各族之人，所谓东夷、西戎、南蛮、北狄，先秦统称“四夷”。与上文百姓所指中原华夏之民相对的“四夷”之民。古人认为对华夏百姓和四夷要实行不同的统治方法，此处亦为此意。对华夏百姓用教化之法，对四方各族是以中原的榜样去影响、感化。 ⑨ 盖天子之孝也：孝的内容很多，此处为大略而言。⑩《甫刑》：本作《吕刑》，为《尚书》中的篇名。据云，周穆王命吕侯为司寇，吕侯遂以穆王名义发布赎刑之法，以公布于天下。吕侯后改封为甫侯，故该篇又称《甫刑》。下引《甫刑》中两句，见于今本《尚书·吕刑》。⑪ 一人有庆：一人，指天子。商周时天子自称“予一人”，意为我也是一个普通的人。而臣民尊称天子为“一人”，意为天子是天下第一的人。庆，善，即爱敬。有庆，言天子有了爱敬父母的事实。 ⑫ 兆民赖之：兆民，万民，即上文之百姓、四夷，天下的所有人。古人所说的兆，既指一百万，也指十亿，后指一万亿。此处泛言极多，非实数。赖，依靠，凭藉。指天子以孝道治国，敬老爱民，则国家大治，社会安定，人民就有了依靠，不会出现危险。

【译文】孔子说：“天子作为亲爱自己父母的人，就一点也不敢嫌恶天下所有人的父母;作为敬重自己父母的人,就一点也不敢轻慢天下所有人的父母。天子竭尽爱敬去侍奉自己的父母,再以道德教化施行于华夏百姓之中,并以之作为四方各族的榜样法式,这大概就是天子孝道的要求吧!

"《甫刑》中说:'如果天子爱敬自己的父母,就能够以道德教化施行于天下,那么天下的亿万民众就都有了依靠。'"

诸侯章第三

【题解】诸侯是商周分封制度下对王朝所分封各国国君的称呼。郑注:"裂土封疆,谓之诸侯。"据说,周初分封同姓和异姓诸侯达一千八百,布列于方圆五千里之内,有公、侯、伯、子、男五等爵位。《礼记·王制》言:"王者之制禄爵,公、侯、伯、子、男,凡五等。诸侯之上大夫卿、下大夫、上士、中士、下士,凡五等。"《疏》言:"《正艾》曰,云诸侯列国之君者,经典皆谓天子之国为王国,诸侯之国为列国。《诗》云,思皇多士,生此王国。则天子之国也。《左传》鲁叔孙豹云,我列国也。郑子产云,列国一同。是诸侯之国也。列国者,言其国君,皆以爵位尊卑及土地大小而叙列焉。五等皆然。"为什么以诸侯作为所有封君的通称?《疏》解释说:"此公、侯、伯、子、男,独以侯为名而称诸侯者,举中而言。又《尔雅》,侯为君,故以侯言之。"另一种说法是,"不曰诸公者,嫌涉天子三公也。故以次称为诸侯,犹其诸国之君也。"诸侯各有世袭的封土,对王朝尽其义务,主要是服从王朝政令,定期朝贡,述职,必要时出兵和为王朝服役。

诸侯为一国之君,地位仅次于天子,故书中将诸侯之孝置于五孝第二予以专门论说。本章强调,作为一国之君的诸侯,其孝,关键在于戒惧,任何时候都要谦虚谨慎,不骄不奢,这样才能长守富贵，和悦百姓，保其社稷。这种见解很有哲理意味。

“在上不骄①，高而不危②；制节谨度③，满而不溢④。高而不危，所以长守贵也⑤；满而不溢，所以长守富也⑥。

“富贵不离其身⑦，然后能保其社稷⑧，而和其民人⑨。盖诸侯之孝也。

“《诗》云⑩：‘战战兢兢⑪，如临深渊⑫，如履薄冰⑬。’”

【注释】① 在上不骄：在上，诸侯为列国之君，贵在一国臣民之上，故言“在上”，即处于高上位子的意思。骄，自满，自高自大。无礼为骄。② 高而不危：高即上，言诸侯居于一国最高之位，所处甚高。危，危殆，危险。此接上句，意为，诸侯居于万人之上的高位，仍能不自高自大，则不会发生危殆。 ③ 制节谨度：制节，花费节省，生活俭朴。谨度，谨慎地实行礼仪法律制度，行动合乎典章，不可有所僭越。 ④ 满而不溢：满，国库充实，钱财很多。溢，过分，此处指生活奢侈，与骄相对。此句意为，诸侯作为一国人主，享有全国的赋税，府库自然充实，财富溢裕，但仍要生活节俭有度，不可奢侈腐化。 ⑤ 所以长守贵：所以，古汉语中介词的凝固结构，表示“……的原因”。贵，显贵，爵位高。守贵，此处指守住其诸侯的位子。 ⑥ 守富：此处指守住国君所拥有的巨额财富。诸侯因贵而富，守贵就能守富，二者紧密相联。 ⑦ 富贵不离其身：身，自身。 ⑧ 社稷：社是祭祀土神的场所，亦代指土神；稷为五谷之长，是谷神。只有天子和诸侯有祭祀社稷的权力。天子之社坛，祭青、赤、白、黑、黄五色土。诸侯之社只能祭其方之色土，如在西方祭白色土。天子、诸侯失去其国，即失去祭祀社稷的权力，故古代以社稷作为国家的代称。诸侯以下无祭社稷之权，故此处称诸侯保其社稷。 ⑨ 和其民人：和，使动用法，“使……和睦”的意思。民人，即人民，百姓。古代民、人含义稍有别。民指最底层的平民，人指民中之贤能者。诸侯制节谨度，满而不溢，自能薄赋敛，省徭役，而致民人和睦。 ⑩《诗》：以下引文，见《诗经·小雅·小旻》。据说,该诗是大夫为讥刺周幽王而作。 ⑪ 战战兢兢:战战,恐惧的样子。兢兢,戒慎的样子。 ⑫ 如临深渊:临,靠近。渊,既可释为深水、深潭,也可释为打旋的水。意为就好像在深潭边上,惟恐掉下去。 ⑬ 如履薄冰:就好像在很薄的冰上行走。

【译文】“诸侯居甚贵甚尊之位,而能不自高自大,就可以不出现危险。生活节俭,慎行礼法典章,即使国库充裕,也不能奢侈腐化。身居高位,而不出现危险,就能长期守住诸侯的尊贵;国库充裕,而不奢侈腐化,就能长期保有国君的富裕。

“富贵不离开诸侯的身体,然后就能保有其国家,而且使人民和睦,这大概就是诸侯的孝吧!

“《诗经》中说:‘要随时保持恐惧和戒慎,就好像正站在深潭的边上,害怕掉进去;就好像正走在极薄的冰层上,害怕陷进去。’”

卿大夫章第四

【题解】周代周王分封诸侯，诸侯在自己的封土内再层层分封，又有五等之爵。《礼记·王制》言："诸侯之上大夫卿、下大夫、上士、中士、下士，凡五等。"卿是王朝和诸侯国中的高级官员，其爵位为大夫，但有上大夫与下大夫的不同。王朝有三公九卿，诸侯国中大国有三卿，都由天子任命，是上大夫爵。次等诸侯国三卿，其中二卿由天子任命，为上大夫，一卿由其国君任命，为下大夫。小国亦有三卿，一卿任命于天子，为上大夫，二卿由其国君任命，为下大夫。《白虎通义·爵》言："公卿大夫者何谓也？内爵称也。卿之为言章，善明理也。大夫为言大扶，进人者也。故《传》曰：'进贤达能，谓之大夫也。'"又说："大夫无遂事，以为大夫职在之适四方，受君之法，施之于民。"将卿、大夫连称，一是卿即大夫，二是因为卿之大夫与不任卿之大夫的孝行要求相同，故而概言之。

卿大夫是仅次于诸侯的尊贵者，故以其置于五孝中的第三孝论之。卿大夫是王朝和诸侯国政令的执行者，故本章言卿大夫之孝，特别强调其服饰、言论、行动都必须遵守礼制，为民众作出表率，然后才能守住自家的地位和宗庙祭祀。

“非先王之法服不敢服①，非先王之法言不敢道②，非先王之德行不敢行③。

“是故非法不言，非道不行；口无择言④，身无择行⑤；言满天下无口过⑥，行满天下无怨恶⑦。三者备矣⑧，然后能守其宗庙⑨。盖卿大夫之孝也。

“《诗》云⑩：‘夙夜匪懈⑪，以事一人。’”

【注释】① 非先王之法服不敢服：先王之法服，先王制定的各种等级的人的规定服饰。不敢服，不敢穿用。作为周礼重要内容的服饰，是为了表示各种人身份地位的尊卑贵贱，因而不可违背。若穿用了不合规定等级的服饰，即高等级的服饰，则是僭上逼下违礼非法的行为。卿大夫必须严守礼法，因而服饰必须合于礼制。 ② 法言：合乎礼法的言语，即《诗》、《书》等中言论。非先王之法言，指《礼记·王制》中所说的“言伪而辩”。道：说，讲。 ③ 德行：合乎礼乐的道德行为。非先王之德行，指《礼记·王制》中所说的“行伪而坚”。或说德行指“六德”，即仁、义、礼、智、忠、信。 ④ 口无择言：择，斁（yì 易）的假借字，讨厌，嫌恶之意。意为，口中说出的话，都经过深思熟虑，遵循先王法言，合乎《诗》、《书》，非常正确，故而无人厌恶。 ⑤ 身无择行：自身所做之事，合乎礼义，没有使人厌恶的行为。 ⑥ 言满天下：指说的话很多，且不管是在何处。 口过：说出来的话不合礼法，有过错和让人厌恶。 ⑦ 怨恶（wù 误）：埋怨和厌恶。此“怨恶”二字，可视为对上文之“择”的解释。 ⑧ 三者：指上文之合于先王的服饰、言语和德行。 ⑨ 守其宗庙：宗庙，古代祭祀先人的场所。立庙祭祀，是宗法制度下宗子的特权，亦是其地位的象征，必须世代守之，而不能丧失，这是卿大夫之孝的要害所在。连祖宗留下的卿大夫地位都丧失了，还有什么孝可言？卿大夫守住宗庙，就是守住了自己在家族中的地位和特权。如果他的服饰、言语和德行都合乎先王之法，就能守住祭祀宗庙的权力。否则就要被废黜，就会丧失其地位和特权，宗庙也就无人祭祀了。 ⑩《诗》：下引诗句，见《诗经·大雅·烝民》。据说该诗是尹吉甫赞美周宣王所作。 ⑪ 夙夜匪懈：夙，早晨。夜，晚间。匪，同“非”，不。懈，惰，松懈。

【译文】“卿大夫不是先王规定的服饰，绝不敢穿用在身上；不合乎先王所作《诗》、《书》的言语，绝不敢说出口；不合乎先王所遵循的道德行为，绝不敢做出来。

“因此，卿大夫不敢乱说不合礼法的话语，不敢乱做不合礼法的事情。嘴里说出的都是经过深思熟虑合乎礼义的话，没有使人厌恶的话；做出来的都是经过认真考虑合乎礼义的事，没有使人厌烦的事。无论说多少话，也无论在哪儿说的话，都没有错话；无论做多少事，也无论在哪儿做的事，都不会使人怨恨或嫌恶。卿大夫在服饰、言语和行为这三方面都合乎礼法，完全做到，就能够长期守住宗庙的祭祀，也就世代守住了卿大夫的地位，这大概就是卿大夫的孝吧！

“《诗经》中说：‘卿大夫要早起晚睡，整天尽心尽力地侍奉君王，而不敢有所松懈、怠慢。’”

士章第五

【题解】士是周代次于卿大夫的最末一等的爵位，有上士、中士、下士三级，又是低级官吏的名称，还是各种有才能者的通称。杨伯峻、徐提著《春秋左传辞典》，总结《左传》中的“士”有六义：一，古代大夫以下，庶民以上之人。二，凡卿以下，奴隶以上，足以养之以为用者泛称为士。三，男子之泛称。四，军士、士卒。五，人才。六，犹言人。《礼记·王制》注中，将公、侯、伯、子、男这五等爵者称为南面之君，即诸侯的爵称；上大夫卿、下大夫、上士、中士、下士这五等爵者称为诸侯之下北面之臣。士是最下层的统治者，是王朝和诸侯国中面向庶民负责处理具体事务的人员。《说文解字》言：“士，事也。数始于一，终于十。从一从十。孔子曰：‘推十合一为士。’”《白虎通义·爵》言：“士者，事也，任事之称也。故传曰，通古今，辩然否，谓之士。”研究甲骨文的学者说，甲骨文中的“⊥”，即士字，是男性生殖器的象形字。先秦往往以士为官名，如《周礼·秋官》中的乡士、方士、朝士、都士、家士。此外，士还是对各种有特殊技能和知识者的通称，如称武士、智士等，故而《公羊解诂》言：“德能居位曰士”。

本书将士置于卿大夫之后、庶人之前，作为五孝中之第四孝予以论说。大意是士要发挥自己的作用，必须为君、为卿大夫所用，故而士之孝的关键是以事父、事母的态度去事君、事上，主要是爱、敬、忠、顺这几条，这样才能保住自己的俸禄，守住家族中的祭祀。这些意见，还可以看作儒家德治中对基层统治者道德和行为的要求。

“资于事父以事母，而爱同①；资于事父以事君，而敬同②。故母取其爱，而君取其敬，兼之者，父也③。

“故以孝事君则忠④，以敬事长则顺⑤。忠顺不失⑥，以事其上，然后能保其禄位⑦，而守其祭祀⑧。盖士之孝也。

“《诗》云⑨：‘夙兴夜寐，无忝尔所生。’⑩”

【注释】① 资于事父以事母，而爱同：资，取，拿。言要以侍奉父亲的爱戴之心去侍奉母亲，使母亲也受到与父亲一样的爱戴。为何将事父置于事母之前？因家中不应有二位等同的尊贵者，故以事父置于事母之前。对父亲行孝既要敬又要爱，而对母亲行孝不要求敬，只要求爱。 ② 敬：尊敬。对父亲的孝既要敬又要爱，对国君的孝不要求爱，只要求敬。③ 兼之者，父也：兼，同时具备。之，指爱与敬。对母亲要爱，对国君要敬，对父亲的孝道则既有爱又有敬。 ④ 以孝事君则忠：忠，出自内心的诚挚与竭尽全力的行为。全句的意思是，士人用对父母的孝心去侍奉君王，就能做到忠诚。 ⑤ 以敬事长则顺：敬，有礼貌地对待。此处指勤勉认真地对待工作或职务，即敬业。长，长上，即今言上级、上司，指禄位比士为高的公卿大夫。士为仕，则将在公卿大夫之下做事，就要侍奉公卿大夫，故言“事长”。顺，依循，顺应，服从。 ⑥ 忠顺不失：不失，不丧失其根本。即在忠和顺两方面都做得很好，不出现任何不当或失误。 ⑦ 保其禄位：禄，指俸禄，官吏的薪俸。士的俸禄，以人赋为标准。下士食九人，即一井田(九百亩土地)之禄，中士食二井田之禄，上士食四井田之禄。

位，指官爵之位。禄位是公家所给，故言保。保，安镇也。禄与位是互相关联的，有位则有禄，无位则无禄。 ⑧ 守其祭祀：祭，际也，神人相接为祭。祀，似也，言祀者似将见先人也。祭祀，指备供祭品，祭神供祖的活动。无牲而祭称为荐，荐而加牲称为祭。各种等级的人祭祀的对象不同，《礼记·曲礼下》言："天子祭天地，祭四方，祭山川，祭五祀，岁遍。诸侯祭山川，祭五祀，岁遍。大夫祭五祀，岁遍。士祭其先。"祭先，就是祭祖。按照宗法制度规定，士为家族之宗子，即家长，有主持祭祀祖先的权力，庶子只能协助和参加祭祀。祭祀是家族之内的事，是私，故言守。 ⑨《诗》：下文所引诗句见《诗经·小雅·小宛》，据说，该诗为大夫讥刺周厉王而作。 ⑩ 夙兴夜寐(mèi 妹)，无忝(tián 甜)尔所生：兴，起，起床做事。寐，睡觉。无，别，不要。忝，辱，羞辱。尔所生，生养你的人，即你的生身父母。儿子事君不忠、事上不顺，而招致惩处，就会使父母受到羞辱，其名誉受到伤害。

【译文】"士人尽孝，就要以侍奉父亲的爱戴之心去侍奉母亲，使母亲也受到与父亲同样的爱戴。要以对父亲的崇敬之心去侍奉君王，使君王也受到与为人父者同样的崇敬。这样，母亲得到的是儿子的爱戴，君王得到的是为人子的崇敬，只有父亲得到的既有爱戴又有崇敬，二者兼而有之。

"因此，士人将侍奉父亲的孝心用来侍奉君王，就能做到忠诚、竭力。将侍奉父兄的勤勉用来侍奉作为上司的公卿大夫，就能做到依循、顺从。在侍奉君王和公卿大夫时，如果永远保持忠诚和顺从之心，然后才能永远保有自己的俸禄和官爵，而守护好在家族中祭祀先祖的权力。这大概就是士人的孝吧！

"《诗经》中说：'要早起晚睡，整天兢兢业业以忠心侍奉君王，以顺从侍奉公卿大夫，千万不要使你的生身父母受到羞辱。'"

庶人章第六

【题解】庶人,指天下一般有自由身份的平民百姓,一切非奴婢而又无官位者。庶,是众的意思。有人将士包括于庶人之内,见下述“士农工商”之说,但一般认为庶人为士以下的一般平民。《孝经注疏》云:“严植之以为,士有员位,人无限极,故士以下皆为庶人。”三代的庶人,有住于都邑(国)之中的市民称国人,也有住在鄙野的农人。《孟子·万章下》言:“孟子曰:‘在国曰市井之臣,在野曰草莽之臣,皆谓庶人。’”庶人又有亲疏之分,《左传》桓公二年,师服曰:“吾闻国家之立也,本大而末小,是以能固。故天子建国,诸侯立家,卿置侧室,大夫有贰宗,士有隶子弟,庶人、工、商,各有分亲,皆有等衰。”杨伯峻注:“此言庶民以及工商,其中不再分尊卑,而以亲疏为若干等级之分别。”庶民是古代等级社会中最普通、最广大的一个群体,是最主要的生产者。其所从事的职业,又有士、农、工、商之别。《穀梁传》成公元年言:“古者有四民:有士民,有商民,有农民,有工民。”《公羊解诂》言:“古者有四民:一曰德能居位曰士,二曰辟土殖谷曰农,三曰巧心劳手以成器物曰工,四曰通财鬻货曰商。”从本书将士与庶民分列看,至少《孝经》的作者未将士包含于庶人之中。古代社会,以农业立国,农业是最主要的经济生产,故而农人是庶民中的主要成分。

庶人在社会中是除奴隶以外身份最低者，故本书将其置于五孝中之第五孝加以论说。其中所指庶人，主要是从事劳作的农业劳动者，其次为手工业者，再其次为商贾。本章论庶人的孝，最根本的是努力生产，谨慎节用，供养父母。并对五孝进行总结，指出无论尊卑贵贱的人，只要始终如一，孝都是可以做到的。至此，论五孝结束。

“用天之道①，分地之利②，谨身节用③，以养父母④，此庶人之孝也。

“故自天子至于庶人⑤，孝无终始⑥，而患不及者⑦，未之有也。”

【注释】① 用天之道：用，顺应，凭依、利用。天，泛指各种自然现象，如春温、夏热、秋凉、冬寒的季节变化，阴、晴、风、雨、雷、电等天气变化。道，本义是人走的道路，引申为规律、原理、准则、宇宙的本原等意思。天之道，指自然的规律。全句意为，做什么事都要顺应自然规律，不可违背。此处的用天之道，主要指春生（春季耕种）、夏长（夏季耘苗）、秋敛（秋季收获）、冬藏（冬季入库）等农事，有很强的季节性，都要按自然规律去做，违背自然规律，将会受到惩罚，而一无所获。 ② 分地之利：分，区别，分别。利，利益，好处。此处指各种不同的土地适合生长什么作物。分别土质的不同，根据其高低平隰，进行种植，获得最大的收益。通过长期的生产实践，古人对区别不同土地进行不同的生产活动有明确的认识。还掌握了不同作物适当的生产季节，提出不违农时。 ③ 谨身节用：谨，恭敬，谨慎。谨身，即对自己的身体恭敬、谨慎，言行合于礼的要求，不做非礼之事，就能远离刑罚的羞辱。节用，指即使家中富裕，生活也不奢侈浪费，注意节省。用，指庶人衣服、饮食、丧祭等方面的花费。 ④ 以养父母：以，拿来，用来。养，赡养，供养。赡养并非仅是供其吃喝，还有很丰富的内容。 ⑤ 自天子至于庶人：指从尊如天子，下至诸侯、卿大夫、士，直到卑如庶人，无论尊贵还是卑贱，都要实行孝道。本章自此开始总论五孝。 ⑥ 孝无终始：实行孝道，没有贵贱等级的差异，也没有开始与终结的区别。终始，指《开宗明义章》所言“身体发肤，受之父母，不敢毁伤，孝之始也。立身行道，扬名于后世，以显父母，孝之终也。夫孝，始于事亲，中于事君，终于立身。” ⑦ 而患不及者：患，忧虑，担心。及，赶上，做到。意为，而担心自己做不到孝。全句意为，从天子到庶人，实行孝道是很容易的，不在于其地位尊贵还是卑贱，也不在于是事亲还是立身。因此，担心自己不能做到孝行，是不会有的。这是劝勉人们实行孝道的鼓励的语言。

【译文】“利用春温、夏热、秋凉、冬寒季节变化的自然规律，充分辨别土地的好坏和适应情况，以获取最大的收益。谨慎遵礼，节省用费，以此赡养父母，这大概就是庶人的孝行吧！

“因此，从天子到庶人，无论尊贵者还是卑贱者，也无论是作为孝道之始的事亲还是作为孝道之终的立身，要实行都是不难的。要是还有人忧虑自己做不到孝，那是绝对不必要的。”

三才章第七

【题解】三才,指天、地、人。《易·说卦》言:“昔者,圣人之作《易》也,将以顺性命之理,是以立天之道,曰阴与阳;立地之道,曰柔与刚;立人之道,曰仁与义。兼三才而两之,故易六画而成卦,分阴分阳,迭用柔刚,故易六位而成章。”《孝经正义》言:“天地谓之二仪,兼人谓之三才。”古人从长期的生产实践中认识到人与自然关系协调的必要性,而自然界的一切,都可以归为天与地两大类,故而千方百计地研究人与天、与地的关系。以阴阳八卦为基础的《易》,就是这种关于天地人关系研究的结晶。由于孝道贯通天地人三者,是“天之经,地之义,民之行”,所以拟定本章题目为三才。

以上五章,孔子向曾参陈述了五等之孝,曾参感叹万分,孔子由此进一步阐述孝道的意义。指出孝是符合天地运行法则和人类本性的行为,是三才和合的体现。孝道不仅符合天道运行的法则,也符合土地变化的规律,还是处理人际关系的最佳方法。先王以孝道治理国家,从博爱、道德义理、敬让、礼乐、好恶等五个方面去教化民众,不用严厉的态度就能使民众服从,不用严峻刑法就能使社会得到治理。这些观点,就是所谓的孝治,构成了先秦儒家德政的思想基础和理论根据。

本章的内容，与《左传》昭公二十五年，郑国子大叔对赵简子的谈话近同，只是《左传》中的“夫礼，天之经也，地之义也，民之行也……”中的“礼”字，在《孝经》中为“孝”字。朱熹认为这是《孝经》抄袭《左传》的证据，说：“《三才章》用《左传》，易‘礼’为‘孝’，文势反不若彼之贯通，条目反不若彼之完备，明是此袭彼，非彼袭此也。”然而，据作者考证，《孝经》与《左传》的撰述年代大体相近(笔者对《左传》成书年代的考证，请参见《河南古籍整理》1986 年第二期发表之《刘歆作〈左传〉说质疑》)，两者采用当时流行的同一史料也就不足为奇。

曾子曰：“甚哉，孝之大也①！”

子曰：“夫孝，天之经也②，地之义也③，民之行也④。天地之经，而民是则之⑤。则天之明⑥，因地之利⑦，以顺天下⑧，是以其教不肃而成⑨，其政不严而治⑩。先王见教之可以化民也⑪，是故先之以博爱⑫，而民莫遗其亲⑬；陈之于德义⑭，而民兴行⑮；先之以敬让，而民不争⑯；导之以礼乐⑰，而民和睦⑱；示之以好恶，而民知禁⑲。

“《诗》云⑳：‘赫赫师尹㉑，民具尔瞻㉒。’”

【注释】① 甚哉：甚，很，非常。哉，语气词，表示感叹。大：伟大，此处主要指孝道内含的广博和意义作用的广大。 ② 天之经：经，常规，原则。指永恒不变的道理和规律。 ③ 地之义：义，适宜，态度公正，合理合法。地之义，言地有五土之分，有山川高下、水泉流通的运行法则。《群书治要》郑注云“山川高下，水泉流通，地之义也。”意为，孝就像大地有山川高下、水泉流通有准则一样，是符合大地万物运行准则的行为。 ④ 民之行：行，履行，实行。 ⑤ 天地之经，而民是则之：是，指示代词，复指前文之“天地之经”。则,效法,作为准则。全句意为:天上有日、月、星辰照明,地上生长万物供给人类,人以天地的运行作为自己行为的法则,实行孝道。 ⑥ 则天之明:仿效天上的日、月、星辰给民众以温暖和光明。⑦ 因地之利:君王有指导农业生产的任务,故需考虑如何充分利用土地,以获得最大收益。 ⑧ 以顺天下:全句意为,用孝道来和顺天下黎民百姓的心情。 ⑨ 是以其教不肃而成:是以,因此。其,指天子诸侯。肃,指用严厉惩治的办法去强制民众接受。成,成功,成就,达到目的。⑩ 其政不严而治:政,政治,政事。治,治理,即天下太平,社会安定。⑪ 先王见教之可以化民:先王,已逝世的帝王,此处指夏禹、商汤、周文王、周武王等圣王。教,教化,思想道德和行动的感召。化,渐变,指民众受统治者行动的感召而逐渐向孝义和善变化。 ⑫ 是故先之以博爱:是故,因此。先,率先实行,带头去做,为民众作出榜样。博爱,广泛地实行仁爱,泛爱众人。即前《天子章》“爱亲者,不敢恶于人;敬亲者,不敢慢于人”。 ⑬ 民莫遗其亲:遗,遗弃,遗忘。亲,指父母。 ⑭ 陈之于德义:陈,广布,陈说。“于”字,《群书治要》本作“以”,义同。言统治者率先陈说道德之美、正义之善。 ⑮ 民兴行:兴,起。行,实行。言民众都会自动地讲道德、行义举。 ⑯ 先之以敬让,而民不争:敬,尊重他人为敬。让,谦让,指在地位、荣誉、钱财等方面,不与他人相争。 ⑰ 导之以礼乐:导,他本作“道”,义同,引,引导,开导,疏导。礼,一定社会形成或制定的人们的行为和道德规范。此处讲的主要是周礼,即大体在西周时形成了的一套关于礼制、礼仪和礼意的说法。大的方面,有由王朝掌握的五礼,即:关于祭祀的吉礼,关于冠婚的嘉礼,关于宾客的宾礼,关于军旅的军礼,关于丧葬的凶礼,各有不同的规定。另外,又有五等之礼,即对天子、诸侯、卿大夫、士、庶民这五个不同等级在不同场合的礼节要求。在民间,有所谓六礼,即冠、婚、丧、祭、乡饮酒、相见之礼。而关于一般人成婚的手续,又有纳采(向女家送礼求亲)、问名(询问女子的名字与生辰)、纳吉(卜得吉兆后到女家报喜,送礼,定婚)、纳徵(订婚后给女家送重礼)、请期(选定完婚吉日,向女家征求意见)、亲迎(新郎到女家迎亲)“六礼”。乐,音乐，这里指的也是西周形成的一套音乐制度。包括不同等级的人在不同场合下的乐器的配制使用、诗歌的选择和乐舞人数的规定。如天子享用八佾之舞，由八八六十四人演出。诸侯用六佾之舞。大夫用四佾之舞。士用二佾之舞。乐器的配制，有宫悬、曲悬（轩悬）、判悬、特悬的不同。古代统治者和儒家都十分重视礼乐的作用。 ⑱ 民和睦：人民关系和顺亲睦。 ⑲ 示之以好恶，而民知禁：示，拿出来给人看，使人明白。好，喜好和提倡的。恶，厌恶和反对的。禁，禁止，即不许做的非法的事。⑳《诗》：下引诗句见《诗经·小雅·节南山》。据说，此诗为周大夫家父刺讥幽王的诗。 ㉑ 赫赫师尹：赫赫，声威显扬、显明华盛的样子。师指太师，为周三公（太师、太傅、太保）中地位最高者，掌管辅佐周王，治理国家。尹为尹氏。师尹，指担任周太师的尹氏。 ㉒ 民具尔瞻：具，皆，都，全部。瞻，视，看着。句意为，民众都在看着你的所作所为。

【译文】曾子感慨道："真了不起呵，孝道太伟大、太精深了！"

孔子说："孝，就像天上的日、月、星辰运行有常规一样，符合天道自然常规，就像大地有山川高下、水泉流通有准则一样，符合大地万物运行准则，是符合人的本性的人们履行的事。上天有日、月、星辰照明，大地生长万物供给人类，人以天地的运行作为自己行为的法则，实行孝道。君主仿效天上的日、月、星辰给老百姓以温暖和光明，充分利用土地，使其获得最大收益，用孝道来和顺天下黎民百姓的身心。这样做，国家的教化，不必用严厉惩治的办法去强制，就能成功；国家的政治，不必用严苛的刑法去压迫，就能使社会得到治理。夏禹、商汤、周文、武等圣王，发现民众在统治者行动的感召下，就能逐渐向好的方面变化，所以率先带头广泛地实行仁爱，从而影响民众没有人遗弃自己的亲人。而卿大夫们到处陈说道德之美、正义之善，民众都会自动地讲道德、行义举；率先敬重别人，对地位、荣誉、钱财互相谦让，民众就都会效法而不去争夺;用礼制、音乐去引导和影响社会,民众就会关系和合,睦然相处;以行动表现出提倡什么,反对什么,惩处邪恶者,奖赏正义善良者,民众就会知道哪些事不可以做,从而自觉予以防范。

"《诗经·小雅·节南山》中说:'负责教化的太师尹氏的位置是多么地显赫啊,民众都在看着你的一举一动哩。'"

孝治章第八

【题解】孝治，即以孝道治理天下。这一章，是继前章之后，进一步阐述孝道的作用。讲过去的圣明天子都以孝道治天下，从而对大小诸侯，甚至小国之臣，都一视同仁，受到天下诸侯的拥护。在圣明天子的影响下，诸侯以孝道治其国，对民众，无论贵贱都很尊重，故而受到全国臣民的拥护；卿大夫以孝道治其家，对上至妻、子，下至奴、婢，都尊重有礼，得到全家人的欢心。这样做的结果，为人父母者都得到安养或祭祀，天下和平安定，不会出现灾害和祸乱，效果是非常显著的。

子曰："昔者明王之以孝治天下也①，不敢遗小国之臣②，而况于公、侯、伯、子、男乎③？故得万国之欢心④，以事其先王⑤。

"治国者⑥，不敢侮于鳏寡⑦，而况于士民乎⑧？故得百姓之欢心⑨，以事其先君⑩。

"治家者⑪，不敢失于臣妾⑫，而况于妻子乎⑬？故得人之欢心⑭，以事其亲⑮。

"夫然⑯，故生则亲安之⑰，祭则鬼享之⑱，是以天下和平⑲,灾害不生⑳,祸乱不作㉑。故明王之以孝治天下也如此㉒。

"《诗》云㉓:'有觉德行㉔,四国顺之㉕。'"

【注释】① 昔者明王之以孝治天下:昔,过去,古代。明王,英明圣睿的天子,即首章所说的先王。 ② 不敢遗小国之臣:遗,遗弃,遗忘,不放在心上。小国之臣,指小诸侯国之君派到王朝来聘问天子的臣僚。《群书治要》郑注言:"古者,诸侯岁遣大夫聘问天子无恙,天子待之以礼,此不遗小国之臣者也。"意为即使贱如小国派来的大夫,天子都能待之以礼,而不敢有所轻视失礼。 ③ 而况于公、侯、伯、子、男:而况,何况。公侯伯子男,惯指周之五等爵位。 ④ 万国:万,很多,无数。国,诸侯国。欢:高兴,欣喜,欢以承命。范祖禹言:"上以礼待下,下以礼事上,而爱敬生焉。爱敬所以得天下之欢心也。" ⑤ 以事其先王:指各诸侯国前来王朝助祭天子之先王的宗庙。 ⑥ 治国者:治理国家的君主,即诸侯。天子为治天下者。 ⑦ 侮:轻视,凌辱,怠慢。鳏(guān 官)寡:《孟子·梁惠王下》言:"老而无妻曰鳏,老而无夫曰寡,老而无子曰独,幼而无父曰孤。此四者,天下之穷民而无告者。文王发政施仁,必先斯四者。" ⑧ 而况于士民乎:士民,士人和庶民,此处士人指庶民中有知识者,非有职之士。 ⑨ 故得百姓之欢心:唐玄宗注云:"诸侯能行孝理(即'治'),得所统之欢心,则皆恭事助其祭享也。" ⑩ 以事其先君:指百姓都主动恭敬地献物给诸侯以协助祭祀诸侯先君。 ⑪ 治家者:据唐玄宗注,指受禄养亲的卿大夫。吕维祺《孝经本义》卷一言:"以此教卿大夫士庶人,而治一家者。"则理解为包括卿大夫、士和庶人。 ⑫ 失:失礼,所言所行不合礼义,或不知其人心意。臣妾:《群书治要》本,"臣妾"下增"之心"二字。臣妾,指家中最卑贱的男女仆役,男仆为臣,女仆为妾。 ⑬ 而况于妻子乎:妻子,妻子和儿子。 ⑭ 故得人之欢心:人,指全家自妻、子至奴、婢人等。 ⑮ 以事其亲:指奉养父母老人。 ⑯ 夫然:夫,发语词。然,如此,这样。指天子、诸侯、卿大夫各自能以孝道治理天下、治理列国、治理家族。 ⑰ 故生则亲安之：生，指父母健在。亲，亲子之孝。安，舒适安乐。全句意为，所以父母健在时就得到子女以亲礼奉养的安乐。 ⑱ 祭则鬼享之："享"，《群书治要》本作"飨"，通用字，皆为受用、享用之意。鬼，人死曰鬼。鬼享，即享用祭祀。言父母死后就受到子女以侍鬼之礼祭祀的供奉。 ⑲ 是以天下和平：和平，和睦，太平。《群书治要》郑注云："上下无怨，故和平。" ⑳ 灾害不生：天违反时令，为灾，就是风雨不节。地违反常理为妖，妖将害物，就是水旱，损伤禾稼。 ㉑ 祸乱不作：祸，指鬼神作祟为害。《说文解字》云："祸，害也，神不福也。"乱，指地位低者反抗地位高者。《左传》文公七年："兵作于内为乱。"作，兴起，出现。 ㉒ 故明王之以孝治天下也如此：言天下和平，灾害不生，祸乱不作，都是明王用孝道治理天下才实现的。 ㉓《诗》：此处指《诗经·大雅·抑》，据说，这是卫武公讥刺周厉王并用以自警的诗。 ㉔ 有觉德行：觉，大也。德行，崇高的道德行为。意为天子果真有崇高的道德和孝义的行为。 ㉕ 四国顺之：顺，通训，化的意思。此四国指天下各地。句意为，天下各地都会因此而被训化，而服从他的统治。

【译文】孔子说："古时的圣明天子依靠孝道治理天下，即使当小诸侯国的大夫前来聘问时，都给予很有礼节的接待，而不敢忘忽，何况是对于爵位尊贵的公、侯、伯、子、男这些诸侯呢？所以能得到所有诸侯国的欢欣奉戴，而主动按照各自的职责，前来宗庙助祭历代先王。

"在天子的影响下，治理国家的诸侯们以孝道治国，对最为卑微的鳏夫、寡妇都不敢有所轻慢，何况是对待有身份的士人和庶民呢？因此能得到全国民众的欢欣拥戴，而主动恭敬地献物给诸侯以祭祀诸侯先君。

"在天子的影响下，治理家族的卿大夫们以孝道治家，对最为贱下的男仆女婢都不敢不知其心思，而丧失必要的礼节，何况对于家中贵为亲之主的妻子和亲之后的儿子呢？所以能得到全家人的欢欣拥戴,而主动自觉地帮助其侍奉父母尊亲。

“天子、诸侯、卿大夫都能这样以孝道治天下、治侯国和治家族,所以,天下的父母尊亲在世时得到子女家人以亲礼奉养的安乐,逝世后得到子女家人以鬼礼祭祀的供奉,因此,天下、侯国、家族上下都和睦太平,风调雨顺,百谷成熟,没有灾害出现,君惠臣忠,父慈子孝,不会出现神降之祸和犯上作乱。这些,都是明王以孝道治天下才出现的啊!

“《诗经·大雅·抑》中说道:‘天子果真有崇高的道德和正义的行为,天下各地都会被其训化,而顺从其政治。’”

圣治章第九

【题解】圣治，就是圣人如何利用孝道使社会得到最好的治理。主要论说圣人周公是如何行孝而使天下得到治理的。

这一章由曾子问圣人的德行有没有比孝行更重大的，而引起孔子对孝道作用的更深层次的论说。首先阐明天地之间的一切生灵中人是最尊贵的，而人的行为中孝是最重大的，孝道中最重要的是尊崇父亲，尊崇父亲的孝行中最重要的是父亡后以之配享上天。通过层层推论，终于道出行孝道而使天下得到治理的最光辉榜样是圣人周公。然后讲圣人君子顺应人们孝敬父母的自然之性以推行其教化和政令，使社会得到治理。在位君子的一切言谈举止行为都要合于德义，给民众作出榜样，就能成就道德教化和顺畅地推行政令。

曾子曰："敢问圣人之德①，无以加于孝乎②？"

子曰："天地之性，人为贵③。人之行，莫大于孝④。孝莫大于严父⑤，严父莫大于配天⑥，则周公其人也⑦！

"昔者，周公郊祀后稷以配天⑧，宗祀文王于明堂以配上帝⑨。是以四海之内，各以其职来祭⑩。夫圣人之德,又何以加于孝乎?

“故亲生之膝下⑪,以养父母日严⑫。圣人因严以教敬,因亲以教爱⑬。圣人之教,不肃而成⑭,其政不严而治⑮,其所因者,本也⑯。

“父子之道,天性也⑰,君臣之义也⑱。父母生之,续莫大焉⑲!君亲临之,厚莫重焉⑳!

“故不爱其亲,而爱他人者,谓之悖德㉑。不敬其亲,而敬他人者,谓之悖礼㉒。以顺则逆,民无则焉㉓!不在于善,而皆在于凶德㉔,虽得之,君子不贵也㉕!

“君子则不然㉖,言思可道㉗,行思可乐㉘,德义可尊㉙,作事可法㉚,容止可观㉛,进退可度㉜。以临其民㉝,是以其民畏而爱之,则而象之㉞。故能成其德教,而行其政令㉟。

“《诗》云㊱:‘淑人君子,其仪不忒㊲。’”

【注释】① 敢:谦词,有冒昧、大胆的意思。圣人:据下文,指周公旦。此句为曾参对其师孔子提问,故以敢问来表示其敬意。 ② 无以加于孝乎:没有比孝道更重要的吗?加,更,高于,大于,在其上。这句问话的目的,是引出孔子孝道为最高道德的论说。 ③ 天地之性,人为贵:天地之间的千万生物,人是最贵重的。性,生,性命,生命,生灵。古人认为,性即命,天性即天命。我们将性理解为自然的生命,即一切生物。人和各种生物都是得到天地之气才有了形体,得到天地之理才有了生命特性,故称天地之性。但各种生物的特性又是不同的,有的蠢笨,有的灵敏。只有人得到了天地的全部神灵之气,有德行,可以与天地同等,而称之为三才之一,这是人区别于其他生物的根本之处。所以说,天地之性,人为贵。 ④ 人之行,莫大于孝:人的行为没有什么比孝行更重要的。莫,没有什么。《群书治要》郑注引用《开宗明义章》句,云:"'孝者,德之本也。'又何加焉。"言人之所以为天地间之最贵重者,是因为人讲究道德,而孝是道德的根本,故而人的行为,最重要的是孝行。 ⑤ 孝莫大于严父:孝行没有比尊崇父亲更重要的了。严,尊,尊崇,尊敬。严父,尊崇尊敬父亲。 ⑥ 严父莫大于配天:尊崇父亲没有比以父亲拟比于上天和父亲亡后将其配享于上天更重要的了。配,有匹配和配享二义。匹配,等同,比拟。配享,是在主要祭祠对象之外附带祭祠的对象。周代礼制,每年冬至在郊外祭祀上天,同时祭祀父祖先王,这就是配天之礼。古人认为天是最伟大的,父亲是最值得尊崇的,父亲在世时孝子将其视为自己的天,父亲死后孝子以其配享上天,是孝子对父亲最大的尊崇。 ⑦ 则周公其人也:那么周公就是这样的人。意为,以父配天之礼是从周公开始的。固公名旦,周文王的儿子,周武王的弟弟。他辅佐文王使周的力量壮大,辅佐武王灭殷。武王死后,成王年幼,他摄行周政,平定了管叔和蔡叔的反叛,安定了淮夷,营建成周洛邑,制定礼乐制度。在成王成年后,归政于成王,又无私地辅佐成王,巩固了周的政权,被儒家视为最高的典范。周公始制以祖配天之礼。有虞以前配天的只要是有德者,不一定是同姓。自夏以后虽是同姓,但不一定是其始祖和父亲。周始有以始祖和父亲配天之礼。而周礼定于周公,故称周公其人也。 ⑧ 周公郊祀后稷以配天:周公在摄政郊祀祭天时以周人始祖后稷配祭。郊,又称圜丘,为祭天之名。之所以将祭天称为郊,是因为该祭在南郊进行。后稷,周人始祖,据传说,他是帝喾正妃姜原的儿子,名弃。弃在帝舜时担任农师,号称后稷,教民耕稼有功,分封于邰(tái 台,今陕西武功西南)。 ⑨ 宗祀文王于明堂以配上帝:在明堂聚宗族祭祀上帝时,以亡父文王配享。宗祀,聚集宗族进行祭祀。文王,姓姬名昌,周公之父,号西伯。他继承后稷、公刘的事业,仁慈爱民,礼贤下士,发展了周的势力,树立了崇高的威望,为灭商奠定了基础。明堂,是古代帝王宣明政教的地方。大凡朝会、祭祀、庆赏、选士、养老、教学等大典,都在此举行。上帝,即五方之帝。旧说周公在明堂祭祀五方上帝,乃尊亡父文王以配享。五方上帝,指东方青帝灵威仰,南方赤帝赤熛怒,西方白帝白招拒,北方黑帝汁光纪,中央黄帝含枢纽。前人称后稷为天地主,文王为五帝宗,故祭天以后稷配享,祭上帝以文王配享。 ⑩ 四海之内各以其职来祭:天下诸侯各自按照其职位规定进贡物品,来协助天子祭祀。四海之内,指天下的诸侯。职,即职贡,四方向王朝的贡献。传说,大禹将天下划分为九州,按三等九类进贡物品,又将天下诸侯按其距帝畿的远近分为五服,其中甸、侯、绥三服,都要进纳不同的物品。来祭,古文本作"来助祭"。诸侯向王朝进贡的物品主要是用于祭天地祖宗的。据说,当时前来助祭的有天下一千八百诸侯。 ⑪ 亲生之膝下:亲,爱,亲近爱戴。生,产生,萌生。膝下,膝盖以下,因人幼年时常依赖于父母膝下,故以喻孩童之时。意为人们亲近热爱父母的心情,在幼年时已经自然产生。 ⑫ 以养父母日严:长大成人供养父母日益尊崇父母。养,奉养。日严,一天比一天更为尊崇孝敬。 ⑬ 圣人因严以教敬,因亲以教爱:因,以,由于。《群书治要》郑注言:"因人尊严其父教之为敬,因亲近于其父教之为爱,顺人情也。"意为,圣人由于人们有对父亲的尊崇而教育人们懂得敬畏,由于人们有对母亲的亲近而教育人们懂得爱戴。古人认为,子女对父母的敬爱有所区别,对父亲为爱与敬,对母亲仅为爱。本书《士章》言:"资于事父以事母而爱同,资于事父以事君而敬同。故母取其爱,而君取其敬,兼之者父也。"即为此意。此句中的敬与爱,都是升华为理性的一种情感,并成为王朝的礼法加以制度化。 ⑭ 圣人之教,不肃而成:圣人的教化,不必采取严厉的措施就能成功。圣人,指古代的圣明君王,此处指周公。肃,峻急,严厉。成,成功,取得成效。 ⑮ 其政不严而治:政,政治法令,指对国家的管理。治,治理,即社会安定,天下太平。 ⑯ 其所因者,本也:其,指圣人。本,根本,此处指道德的根本孝道。全句意为,这是由于圣人所凭借的是孝道这个道德的根本。 ⑰ 父子之道,天性也:父子之间有着血肉相连的亲情,由此形成的父慈子孝相亲相近的关系,是人的一种自然的属性。道,理,事理,此处指父子之间的人伦关系。 ⑱ 君臣之义也:义,合宜的行为。《群书治要》郑注言:"君臣非有天性,但义合耳。"意为父子之间的这种关系中含有君臣关系的义理。君礼臣忠是儒家关于君臣关系的基本主张。　⑲ 父母生之,续莫大焉:言父母生养了子女,子女再传续后代,使宗族血脉不至绝断,是孝道中最重大的事。古人知道长生不老是不可能的,因此,把自己生命的延续,寄托于子孙的繁衍上,故而提出不能繁衍后代是最大的不孝。续,继,传,指续先传后,人类的自身繁衍。焉,于之,在这件事上。莫大焉,没有比这更重大的事了。　⑳ 君亲临之,厚莫重焉:临,以上对下。厚,深重,重要。历代对本句中的"亲"字有不同的解释。有释为亲自的,有释为亲人,即父亲的。　㉑ 故不爱其亲,而爱他人者,谓之悖德:悖(bèi 倍),背,违背。悖德,违背公认的道德准则。他人,即他人之亲。隋刘炫《孝经述议》言:"世人之道,必先亲后疏,重近亲远。不能爱敬其亲而能爱敬他人,自古以来恐无此。"明吕维祺《孝经本义》言:"德主爱,礼主敬,爱敬之心,厚于一本。故必爱敬其亲,而后推以爱敬他人,则于礼不悖,而谓之顺。若不爱敬其亲,而先以爱敬他人,虽亦是德、是礼,然其于德礼也,悖矣。悖则谓之逆。"意思是人们的孝行中最重要的是对自己父母的爱戴,如果不爱自己的父母却爱他人的父母,也是违背孝道准则的。　㉒ 悖礼:违背礼义。　㉓ 以顺则逆:是"以之顺民,民则逆"的省文。顺,使动用法。则,就。意为,以悖德悖礼的行事去教化民众,企图使民众顺从,就会造成逆乱。民无则焉:则,规矩,榜样。意为,民众就没有了规范和榜样,而不知道怎样去做才是对的。　㉔ 不在于善,而皆在于凶德:在,居,处。在此处有亲身实行的意思。善,善行,即上文之爱敬亲人的孝行。凶德,昏乱无法,即违背道德。全句意为,不去实施爱敬父母的孝行,而用昏乱无道的手段去治理国家。《群书治要》郑注言:"恶人不能以礼为善,乃化为恶。若桀、纣是也。"认为夏桀和商纣这两个末代君主,就是这种背德悖礼而使民众无所措手足的恶人。　㉕ 虽得之,君子不贵也:得,得到,得意,得志。君子,泛指贤者,有识者。贵,重视,赞赏。不贵,鄙视,厌恶,看不起。全句意为,上边的这种如夏桀商纣的人即使一时得志,因为他是不符合道德规范的,所以君子也不会看得起他。㉖ 君子则不然:然,如此,这样,指上述悖礼乱德的行为。上段概述了以夏桀商纣为代表的恶人的行事,揭示了反面的典型。此段则鲜明地提出有识贤能君子与圣明君主所应具有和实行的六项品德行为。 ㉗ 言思可道：说话要经过慎重思考，一定要合乎道义，能被人传颂称道。言，语言，说出来的话。思，思想，考虑。道，称颂。 ㉘ 行思可乐：行，行动，做事。行动之前要经过慎重思考，一定要合乎规矩，能使别人高兴。 ㉙ 德义可尊：立德行义，能令人尊崇。此句及下数句皆顺承上两句而来。因其言思可道，行思可乐，故而能建立崇高的道德，行为合乎义理，从而令人尊崇。㉚ 作事可法：作，制作，造作。事，事业，物事。法，效法，学习。言君子制定制度或建造用品，都能使民众效法。 ㉛ 容止可观：容止，容貌和举止。观，看，仰望。言君子的音容笑貌和一举一动都要合于礼仪节度，可以为民众所观摩。 ㉜ 进退可度：度，量度。可度，指步子的大小，有一定的长短，转身的动作，合于一定的角度。意为，君子的一进一退，都经得起民众的推敲检验。 ㉝ 以临其民：临，在此为统治、管理的意思。言君子实行以上六事，来统治和管理民众。 ㉞ 是以其民畏而爱之，则而象之：畏，畏惧，敬畏，因其有威严不敢犯之。象，模仿，效法，因其有仪象而模仿他。意为，因此民众敬畏他而又爱戴他，将他作为准则而仿效他。㉟ 故能成其德教，而行其政令：德教，以道德施行教化，与专制暴虐统治相对的一种统治方法。意为，所以能够成就其对民众的道德教化，而顺利地推行实施其政策法令。 ㊱《诗》：以下诗文，见《诗·曹风·鸤(shī失)鸠》。据说这是民众讽刺在位者无君子，而用心不一。 ㊲ 淑人君子，其仪不忒：淑，美好，善良。淑人，有德行的人。君子，指有道德、有才干的人。仪，仪表，仪容。忒(tè特)，差错。意为，凡是有德行的淑人和有见识的君子，他的仪容礼貌都不会有差错。

【译文】曾子说："我能冒昧地问一句，圣人的德行难道没有比孝道更重要的吗？"

孔子答道："天地间的千万生物，最贵重的是人。人的行为，没有比孝行更加重要的。而孝行中又没有比尊崇父亲更重要的行为了。尊崇父亲没有比其在世时将其视为天，在其死后以其配享上天更重要的了，而周公旦就是这样的人。他在郊祀祭祀上天时以其始祖后稷配享，在明堂聚族祭祀五帝时以其父文王配享。所以，天下的诸侯不论远近都以其贡品前来助祭。圣人的德行，哪里还有比孝行更大的呢？

“子女亲爱父母的心情是孩童时自然形成的，长大以后奉养父母更日益尊崇父母。圣人由于人们都尊崇其父而教导他们懂得敬畏，由于人们都亲近其母而教导他们懂得爱戴。因而圣人的教化不必采取严厉的措施就能成功，圣人的政令不必实行苛刻的办法就能使社会得到治理。这是由于圣人所凭借的是孝道这个道德的根本。

“父子之间父慈子孝的关系是合乎天道自然的，其中也蕴涵有君礼臣忠的义理。父母生养了自己，自己再传宗接代，这是孝道中第一要紧的事。父亲对于儿子既有着犹似国君的威严，又有着血脉的亲情，在人伦关系中，没有比这更厚重的了。

“所以说，不亲爱自己的父母而去亲爱别人父母，是一种违背道德的行为。不尊敬自己的父母而去尊敬别人父母，是一种违背礼义的行为。自己背德背礼，还想用以教化民众，使民众顺从，结果只会造成逆乱，使民众没有了规范和榜样。这种人即使得意于一时，君子也是要鄙夷厌恶他的。

“君子就不是这样。君子说话要经过慎重考虑，要能使民众传颂称道；君子做事要经过慎重考虑，要能使民众高兴；君子立德行义，要能令民众尊崇；君子制定制度和建造物业，要能使民众效法；君子的容貌举止，要能令民众瞻仰观摩；君子的一进一退，要能经得起民众的推敲检验。君子这样去统领民众，民众敬畏他而且爱戴他，以他作为自己的榜样，去努力效法他。所以能够实现其以道德对民众的教化，而顺利推行其政治法令。

“《诗经》中说：‘善人君子，容貌举止，毫无差错。’”

纪孝行章第十

【题解】纪孝行,就是记录孝行的具体内容,论述什么是孝道的行为。本章提出,孝子在侍奉双亲时有五要三戒。五要为:一,在日常侍奉时要竭尽恭敬,二,在平常供养时要表现出快乐,三,在父母有病时要很忧愁,四,在办丧事时要极度哀痛,五,在祭祀时要表现严肃。三戒为:一,身处上位时要戒骄傲,二,身处下位时要戒作乱,三,身处贱位时要戒忿争。若非如此,就会造成自己的灭亡、受刑和杀戮,给父母带来耻辱和担忧,即使每天给父母吃得再好,也不能算是孝子。

子曰:"孝子之事亲也,居则致其敬①,养则致其乐②,病则致其忧③,丧则致其哀④,祭则致其严⑤。五者备矣,然后能事亲。

"事亲者,居上不骄⑥,为下不乱⑦,在丑不争⑧。居上而骄则亡,为下而乱则刑,在丑而争则兵⑨。三者不除,虽日用三牲之养⑩,犹为不孝也⑪。"

【注释】① 居则致其敬:居,平常家居。致,极尽,尽量。其,他(孝子)的。意为,孝子在居家的日常生活中,要以最大的敬意去侍奉父母。子女从内心深处尊敬父母是因为父母给了自己的生命和一切。本段所言五点，古人称之为孝子事亲的“五要”。其中首先强调的不是如何奉养，而是恭敬的态度，不应有不敬的心态和举动。对日常起居中事亲的具体做法，在《礼记·内则》中有详细的规定，已见《孝治章》注所引。 ② 养则致其乐：养，赡养，奉养，指进饮食、衣着等。乐，高兴。意为，要以最愉悦的心态和表情去奉养父母。 ③ 病则致其忧：忧，忧虑，担心。意为在父母生病时要怀着忧伤焦虑之心去照料。 ④ 丧则致其哀：丧，逝世。此处指父母去世，办理殓殡奠馔和拜踊哭泣等丧事的活动。哀，悲伤，痛心，追念父母的养育之恩，而倍感伤心。意为，当父母去世时要极尽悲哀痛心。⑤ 祭则致其严：祭，供奉神灵的活动或仪式。此处指在三年服丧期满之后供奉逝世的父母祖先。严，崇敬，庄重，肃穆。意为，在祭祀亡父亡母时，要极尽崇敬肃穆。上一章有“以养父母日严”句，这里强调祭祀去世的父母仍要严，是因为古代对孝子有“事死如事生，事亡如事存”的要求。⑥ 居上不骄：上，高位。居上，身居高位，主要指为诸侯国君。骄，骄傲自满。《群书治要》郑注言：“虽尊为君，而不骄也。”意为，孝子即使身居国君之位，也不可骄傲自满，而要始终保持谦逊谨慎的态度。本段所言之三者，古人称之为孝子事亲的“三戒”。 ⑦ 为下不乱：下，下位，在别人之下。为下，指为人臣下，如诸侯之与天子，卿大夫之与诸侯，士之与卿大夫，庶人之与士等。乱，反叛，作乱，犯上。《群书治要》郑注言：“为人臣下，不敢为乱也。”《礼记·表记》言：“事君可贵可贱，可富可贫，可生可杀，而不可使为乱。”意为，孝子如作臣民无论遇到何种情况都要恭恭敬敬地事侍上司，而不能反叛作乱。 ⑧ 在丑不争：丑，古人解释为类，众，即卑贱。在丑，指处于低贱的地位，如奴仆隶役。争，忿争。意为，当孝子处于低贱地位时，要特别注意与别人和睦相处而不要忿争。 ⑨ 兵：兵器，在此指用兵器相杀戮。 ⑩ 日用三牲之养：日，每天。三牲，指猪、牛、羊。古人宴会或祭祀时用三牲，称为太牢，是最高等级的供奉。日用三牲之养，言给父母每天吃食的供给极为丰厚。 ⑪ 犹为不孝：还是不孝顺。

【译文】孔子说：“作为孝子，侍奉自己的父母亲，当照料起居时要充分表达出对父母最大的敬意，当供给饭菜饮食时要保持最愉悦的心态和表情，当父母生病照料时要怀着最忧愁焦虑的心情，当父母去世办理殓殡奠馔和拜踊哭泣等丧事时要极尽悲哀痛惜的感情，当祭祀亡父亡母时要极尽崇敬肃穆的神情。这五个方面都做到了，然后才能算是侍奉父母尽了孝道。

“作为侍奉父母亲的孝子，当他处于如国君这样的高位时不可骄傲自满，当他处于臣下之位时不可反叛犯上，当他处于卑贱仆役地位时不可激忿相争。处于君位而骄横自傲就会招致灭亡，处于臣下之位而犯上作乱就会被处以刑罚，处于卑贱仆役之位而激忿争斗就会被兵器戮杀。这三戒不除去，虽然每天给父母供给猪、牛、羊俱全的美味佳肴，还是不孝之子。”

五刑章第十一

【题解】五刑，古代的五种刑法。《礼记·服问》言："罪多而刑五。"据说，五刑之设始于帝舜。《尚书·大禹谟》载："帝曰：皋陶，汝作士，明于五刑，以弼五教，期于予治。"历代对五种刑法的说法不尽相同。据《尚书·吕刑》载，周代的五刑指墨刑、劓(yì 义)刑、剕(fèi 费)刑、宫刑、大辟刑。墨刑，又称黥(qíng 情)刑，是在脸上刺字涂矾，使字变黑，且永远无法去除的刑法。劓刑，是割掉鼻子的刑法。剕刑，又称刖(yuè 月)刑，是割断足脚的刑法。宫刑，对男子是割去外阴睾丸，对女子是用重击使其子宫脱垂(或说是将其幽闭宫中，禁止与异性交往)，从而破坏人的性功能的刑法。大辟刑是斩首。

上一章论什么是孝顺的行为，这一章则接着论什么是不孝的行为。指出最大的罪行是不孝。大不孝有三，一是胁迫君主，二是诽谤圣人，三是非议别人的孝行。认为，这三不孝，是天下一切祸乱的根源。本来，不孝是指在家庭中具体对待自己父母的行为。这里却将其推广至社会的主要方面，包括对待国君、对待圣人言论和对待他人孝行的看法。从而突出了孝道在维护社会秩序和国家安定中的作用。有其积极的一面。但是，所谓要君无上、非圣无法，就是无论国君如何都不许人们对其有所不满乃至反抗,无论圣人的言论如何都不许人们对其提出不同意见,这就禁锢了人们的思想和行动,成为人们的精神枷锁,是不可取的。

子曰:“五刑之属三千①,而罪莫大于不孝②。要君者无上③,非圣人者无法④,非孝者无亲⑤。此大乱之道也⑥。”

【注释】① 五刑之属三千:处以五刑的罪行共有三千条。《尚书·吕刑》言:“墨罚之属千,劓罚之属千,剕罚之属五百,宫罚之属三百,大辟之罚其属二百。五刑之属三千。”即处以墨刑的罪行有一千条,处以劓刑的罪行有一千条,处以剕刑的罪行有五百条,处以宫刑的罪行有三百条,处以大辟之刑的罪行有二百条。处以五刑的罪行合计为三千条。 ② 罪莫大于不孝:所有应处以五刑的三千条罪行中没有比不孝更重的罪行了。即不孝为罪恶之极。此句言不孝之罪,不在三千罪行之中。 ③ 要君者无上:要(yāo 腰),强求,要挟,胁迫,有所依仗而强硬要求。者,指代人。无上,藐视君上,即目无君长,反对或侵凌君长。 ④ 非圣人者无法:非,责难,诽谤,诋毁。圣人,具有最高道德标准的人。非圣,就是对周公、孔子等所谓圣人的言论、著述提出不同见解。无法,藐视法纪,心目中没有法律礼制。 ⑤ 非孝者无亲:非,非议,不赞成。非孝,诽谤他人的孝行。无亲,郑注释为不可亲。而邢《疏》释为既然诽谤他人的孝行,他自己就不可能有亲近爱戴父母之心。似以后者为是。 ⑥ 此大乱之道:大乱,最严重的祸患悖乱。道,根源,意为导致大乱。

【译文】孔子说:“应处以墨、劓、剕、宫、大辟这五种刑法的罪行有三千条,所有这些罪行中没有比不孝更严重的罪行了。胁迫君长的人是目无君长,诋毁圣人的人是目无法礼,自己不孝又诽谤他人孝行的人是没有亲近爱戴父母的心。这三种不孝是造成天下一切严重祸乱的根源。”

广要道章第十二

【题解】广，推广，阐发。要道，最为重要的道德，以一统万的当然之理。第一章中孔子开宗明义提出："先王有至德要道。"本章，即为对此语的进一步阐发，论述为什么称孝道为天下最重要最根本的道德。

这一章纯粹是站在国君的立场，论述孝道是实现治国安君的最好的方法。首先论说，实现要道必须注重四点，一是以行孝道教民亲爱，二是以行悌道教民礼顺，三是以音乐教民移风易俗，四是以礼治理民众安定君心。这四条中，最重要的是礼，而礼，说到底是一个敬字。文章一方面由此将礼与孝联系了起来，另一方面引起下文所言敬人之父、兄、君，就会使千万为人子者、为人弟者、为人臣者悦服，从而实现天下太平的目标。

子曰："教民亲爱，莫善于孝①。教民礼顺，莫善于悌②。移风易俗，莫善于乐③。安上治民，莫善于礼④。

"礼者，敬而已也⑤。故敬其父则子悦⑥，敬其兄则弟悦，敬其君则臣悦。敬一人而千万人悦⑦，所敬者寡，而悦者众⑧。此之谓要道也⑨。"

【注释】① 教民亲爱,莫善于孝:教,教育,教化。亲爱,亲善仁爱。意为,国君要想教化人民使他们能相亲相爱,并爱戴国君,最好的办法是国君自己行孝道。在孔子看来,教化臣下和民众的最好方法,莫过于国君自己的榜样。所以在本章中讲,教民亲爱,莫善于孝,国君能行孝道,亲爱自己的父母,民众就会仿效和学习他,亲爱各自的父母,进而亲爱别人和国君。人们都能相亲相爱,社会就会安定和平了。 ② 教民礼顺,莫善于悌:礼,遵循礼义。顺,顺从,顺序,即遵循贵贱尊卑上下长幼的等级秩序和制度规范。悌,又写作弟,弟弟对兄长的敬爱顺从。 ③ 移风易俗,莫善于乐(yuè 岳):移,改变。风,风气。易,更换。俗,习俗。移风易俗,指改变旧的不良的社会风气和恶劣习俗,而推行新的合乎礼教的风气和习俗。乐,指音乐。儒家认为,音乐生于人情人性,通于伦理政治,故而特别重视音乐对陶冶人心、净化社会风气和维持社会等级秩序的作用。 ④ 安上治民,莫善于礼:安,安定,安心。上,国君。安上,使国君安心,而不烦恼。民众不反叛,社会太平,国君就能安心。治民,使民众得到治理。 ⑤ 礼者,敬而已也:礼的含义,说到底,就是一个敬字。 ⑥ 故敬其父则子悦:悦,高兴。意为,作为儿子来说,如果国君敬重自己的父亲,他就会感到很高兴。本句及此下三句的主语皆为国君。 ⑦ 敬一人而千万人悦:一人,指上文所言之父、兄、君。千万人,言人数之多,非实数。此处指无数的为人子者、为人弟者、为人臣者。此句为对上三句的总结。 ⑧ 所敬者寡,而悦者众:寡,少。《群书治要》郑注言:"所敬一人,是其少;千万人悦,是其众。"即对国君来说,他所要礼敬的人很少,而对此感到高兴的人却非常多。 ⑨ 此之谓要道也:《群书治要》郑注言:"孝悌以教之,礼乐以化之,此谓要道也。"意为,这就是我所说的孝道为天下最根本最重要的道德呀。此句既为本章的总结,也是对第一章中"先王有至德要道"的呼应和进一步阐释。

【译文】孔子说:"国君想教育人民相亲相爱,没有比国君自己行孝道、孝敬爱戴父母更好的办法了。国君要想教育人民遵循礼节、顺从年长者和上司,没有比国君自己行悌道、恭敬顺从兄长更好的办法了。国君要想改变社会上旧的风气和恶劣的习俗,没有比使用音乐去陶冶感化更好的办法了。国君要想使自己安定、使民众得到治理,没有比国君自己遵循礼制更好的办法了。

“礼的含义,说到底,就是一个敬字。所以,国君礼敬他人的父亲,作为其子的人一定会高兴;礼敬他人的兄长,作为其弟的人一定会高兴;礼敬别国的国君,作为其臣子的人一定会高兴。国君其实只礼敬了一个人,就会有千万人对此感到高兴。国君所礼敬的人很少,而对此感到高兴的人却很多,这就是我所说的孝道是天下最重要的道德呀!”

广至德章第十三

【**题解**】至德，至高无上的道德。广至德，是进一步阐发至高无上的道德。上一章论要道，这一章论至德，仍是呼应第一章“先王有至德要道”的问语，并深入阐发为什么说孝道是天下最为高尚的道德。

文中认为，天子以孝道教化人民，并不需要每天自己亲自到民众中间去宣传教育，而是要在孝、悌和臣三方面做出榜样，从而教育天下人都去崇敬父母、顺敬兄长、敬事君上。这样，天下的父母都会受到子女的敬爱，这就是天子有至德的最好体现和最大的作用。由于弟弟尊敬兄长的悌道和臣下尊敬君主的臣道，都是孝道的推广，所以我们说，这一章论述的其实还是天子如何利用孝道去影响全社会，治理天下。

子曰：“君子之教以孝也①，非家至而日见之也②。教以孝，所以敬天下之为人父者也③。教以悌，所以敬天下之为人兄者也。教以臣④，所以敬天下之为人君者也。

“《诗》云⑤：‘恺悌君子，民之父母’⑥，非至德，其孰能顺民如此其大者乎⑦？”

【注释】① 君子之教以孝：君子，由下文看，此处君子指天子。教以孝，以孝行教，指用孝道去教化民众。 ② 非家至而日见之：非，不是。家至，到家，即一家一户都亲自拜访。日见之，每天都见他，即每天都当面指教为人子者如何行孝。《群书治要》郑注："但行孝于内，流化于外也。"意为，只要国君自己在宫中谨行孝道，自然会感化全社会的人都去向自己的父母尽孝。 ③ 教以孝，所以敬天下之为人父者也：所以，表示原因。教育天下人尊敬为人父者的方法，除了前章说，天子要尊敬自己的父母以作出表率外，另一种方法就是敬老。 ④ 教以臣：臣，此处指作为臣下的品德和行为要求，即忠诚与敬仰。教以臣，指天子以如何作臣的道理教化臣下，其具体方法是在祭天和祭祖时作出为臣的榜样。《群书治要》郑注言："天子郊则君事天，庙则君事尸，所以教天下臣。"意为，天子在郊外行祭天之礼，是自己作为上天的臣下君事上天的一种活动，天子在宗庙行祭祖之礼，是自己作为祖先的臣下君事祖先的一种活动，这样做的原因是给天下诸侯作出如何尊敬君长当好人臣的榜样。 ⑤《诗》：下引诗句，见《诗经·大雅·泂(jiǒng迥)酌》。据说，此诗是西周时召康公为了戒勉周康王所作。 ⑥ 恺悌君子，民之父母：恺悌，和善安详、平易近人的样子。对民之父母，历来学者理解不一。《群书治要》郑注言："以上三者教于天下，真民之父母。"唐玄宗注："取君以乐易之道化人，则为天下苍生之父母也。"二者皆以恺悌之君子为万民的父母。而《礼记·表记》则是认为恺悌君子使万民有父之尊，有母之亲。从上文看，恐以后者为是。 ⑦ 其孰能顺民如此其大者乎：孰，谁，何。顺民，适合民心，顺应民意，指顺应万民都有的孝敬父母的本心。

【译文】孔子说："天子用孝道去教化民众，并不需要亲自到一家一户去拜访，也不必每天亲自手把手地教那些为人子者如何行孝。(而是要通过自己的孝道行为去感召，通过乡饮酒礼等活动去影响。)天子在辟雍亲自像崇敬自己的父亲一样去侍奉三老，其目的是想影响天下为人子者都去孝敬自己的父亲。天子在辟雍亲自像对待自己的兄长一样去侍奉五更,其目的是想影响天下为人弟者都去尊敬自己的兄长。天子在郊外祭祀对上天行臣子之礼,在宗庙祭祀对祖先行臣子之礼,其原因是给天下诸侯作出如何尊敬君长当好人臣的榜样。

"《诗经·大雅·泂酌》中说:'和善安详、平易近人的君子呀,他使万民有了为父之尊、为母之亲。'如果不是具有孝道这一至高无上的道德,谁能顺应民心达到如此伟大的功效!"

广扬名章第十四

【题解】在第一章中，已经有“立身行道，扬名于后世”的话语。此章则是进一步阐扬和发挥其义理，论述孝道与扬名后世的关系。其实质是，以扬名后世作为诱导人们行孝和修身的手段。

在孔子看来，要想扬名后世，必须在家庭中养成好的品德和治理好家事。而要实现这三者，一要事亲孝，二要事兄悌，三要居家理。因为，事亲孝就能事君忠，事兄悌就能事长顺，居家理就能居官治。而事君忠、事长顺、居官治，又必然能在社会上取得威望，在事业上获得成功。说到底，一个人的名声，根源于他自身的道德修养，而道德修养的核心是孝道。这就将孝道与扬名千古紧密地联系到一起了。

子曰：“君子之事亲孝，故忠可移于君①；事兄悌，故顺可移于长②；居家理，故治可移于官③。是以行成于内④，而名立于后世矣⑤！”

【注释】① 君子之事亲孝，故忠可移于君：移，转移，此处指道德对象的转移。忠，忠诚，积极尽力，此处指古代对人臣的一种道德规范。古人对行孝有一系列要求，其中就包括事君忠。 ② 事兄悌，故顺可移于长：

顺,依循,顺从。长,年长者。古人将悌视为孝的内容之一。《论语·为政》引佚《书》曰:“孝乎惟孝,友于兄弟,施于有政。”《群书治要》郑注言:“以敬事兄则顺,故可移于长也。”意为孝子在家以崇敬之心处理与其兄长的关系,到了社会上自然会将这种感情转移于其他的年长者,而对其和顺服从。 ③ 居家理,故治可移于官:理,正,治理。居家理,指处理家事有条有理,家务管理得好。儒家治学目标是修身、齐家、治国、平天下。由于家庭是社会的一个细胞,而个人都是在一定的家庭中生活的,故而将治理家庭与和悦家人,看作是一般人治理社会能力的一种表现。能将家庭治理好的人,担任官职就能胜任,使其职务所辖得到治理。 ④ 是以行成于内:行,行为,指事亲孝、事兄悌和居家理的活动。成,成效,成功。内,指家庭之内。意为,君子在家庭中养成美好的品德,其道德的作用得到发挥、取得成绩。 ⑤ 名立于后世:名,名誉,美好的名声。立,建立,树立。儒家十分注重留美名于后世。而要想留名后世,最根本的是其自身的道德修养,有了很好的道德修养,生前就会有适宜的名誉、地位和财富,死后就可以流芳百世。所以,从一定意义上说,死后留名,是其生前立功立德的必然结果。

【译文】孔子说:“君子在家中侍奉父母能竭尽孝道,就能将对父母的孝心转移为侍奉国君的忠诚。君子在家对兄长能竭尽悌道,就能将对兄长的恭敬转移为对待天下年长者的和顺服从。君子在家能将复杂的家务管好,使家庭和睦,就能将治家的手段转移于官位,治理好一方。君子能在家庭中尽孝、行悌,治家做出成绩,就能在社会上建功立业,美好的声名永远传扬于后世。”

谏诤章第十五

【题解】谏诤,也写作谏争,是通过直言规劝去制止人的过失,一般指居下位者对居上位者的规劝。汉刘向《说苑·臣术》言:“有能谏言于君,用则留之,不用则去之,谓之谏;用则可生,不用则死,谓之诤。”

这一章还是论述孝道的内容。与以前各章不同的是,以前各章多论说的是顺,而这一章论说的是逆,就是孝子要对父母的不义行为进行劝谏,而不是无条件地顺从。本章先以曾参的提问来引出话题,即本章的中心内容,子女完全顺从父亲的意见,是不是孝。孔子的答语,连用了两句“这是什么话”对其进行了彻底的否定。孔子列举了古代天子、诸侯、大夫、士等各个不同层次的人,只要有人向他谏诤,就可以不出大事,而能保住其天下、其国、其家,说明谏诤在任何时候对任何人都是必要的,有效果的。儿子对父亲的行为也是如此。父亲的意见命令,有符合道义的,有不符合道义的,对其不符合道义的行为,坚持进行劝谏,这才是孝子应有的行为。因为,如果儿子对父亲的不义行为不谏诤、不制止,父亲就会因不义而受到危险、遭到侮辱,甚至做出禽兽不如的事来。出现了这样的后果,当然是孝子所不愿意的。所以,儿子对父亲的不义行为进行谏诤,是行孝应做的事,是保证父亲好名声所必须的，是孝道的内容之一。这一章的内容，体现了早期儒家思想中的积极因素，是本书中最为闪光的部分。但后来的儒家歪曲和阉割了这一民主思想精华，而代之以所谓“君为臣纲，父为子纲，夫为妻纲”的封建教条，成为古代社会束缚人们思想和行为的无形的绳索。三纲的思想，最早是董仲舒在其《春秋繁露·基义》中提出的。《白虎通义·三纲六纪》中解释道：“三纲者何谓也？谓君臣、父子、夫妇也。故君为臣纲，父为子纲，夫为妻纲。”所谓父为子纲，就是子对父要绝对服从。有一位哲人说过，我播下的是龙种，收获的是跳蚤。儒家思想的演变，不也说明了这一点吗？

曾子曰：“若夫慈爱、恭敬、安亲、扬名①，则闻命矣②。敢问子从父之令③，可谓孝乎？”

子曰：“是何言与④？是何言与？昔者，天子有争臣七人⑤，虽无道，不失其天下⑥。诸侯有争臣五人，虽无道，不失其国⑦。大夫有争臣三人，虽无道，不失其家⑧。士有争友，则身不离于令名⑨。父有争子，则身不陷于不义⑩。故当不义，则子不可以不争于父，臣不可以不争于君⑪。故当不义则争之。从父之令，又焉得为孝乎⑫？”

【注释】① 若夫：句首语气词，用以引起下文。慈爱：亲爱。通常，慈指上对下之爱，但也可用于指下对上之爱。此处即指子女对父母之爱。② 闻命：闻，听到。命，命令，指教。闻命，听过（先生的）教诲。因曾参为孔子弟子，故用此谦词表示听过老师的讲解。 ③ 子从父之令：从，听从，服从。儿子无条件服从父亲的命令、意见。 ④ 是何言与：是，指示代词，指“子从父之令可谓孝”这种说法。何言与，什么话。表示否定的答语。以下重复一句“是何言与”,是更加强了否定的意思。意为,这是什么话?这是什么话? ⑤ 昔者,天子有争臣七人:天子的辅政大臣为三公四辅,合为七人。三公为,太师、太保、太傅。四辅为,左辅、右弼、前疑、后丞。他们都有匡正天子,辅成政治,使王朝不至危亡的责任。争,同诤,照实说出其错误或不当,让其改正。争臣,敢于直言规劝君主的臣下。⑥ 虽无道,不失其天下:虽,虽然,即使。无道,暴虐,不遵行圣贤之教,不合乎传统的道德规范,没有德政。失,丧失,被灭。天下,天子为普天下人民的统治主,故以天下称其政权。由于有七位争臣在天子左右,不断地进行谏争匡正,即使在位天子无道,也不会过分恶劣,因而王朝的政权也不至于丧失。 ⑦ 诸侯有争臣五人,虽无道,不失其国:诸侯之争臣五人,说法不一。孔传指天子所命之孤及三卿与上大夫。王肃指三卿、内史、外史,以充五人之数。国,指天子分封给诸侯的国土。不失其国,不会被削夺封地。 ⑧ 大夫有争臣三人,虽无道,不失其家:据《疏》言,孔传称大夫之三位争臣为家相、宗老、侧室。王肃所言无侧室,有邑宰。先秦的大夫亦设有家臣,家相为辅助大夫对家族进行管理的家臣,宗老为家族中管理宗族事务的家臣,侧室,即庶子,指嫡长子外的儿子。邑宰,为大夫所居之邑的行政长官。家,家族。周代实行基于血缘关系的层层分封的制度,大夫实即为大家族的族长,故以其所统治之范围称为家。不失其家,就是不会丧失对祖宗的祭祀。 ⑨ 士有争友,则身不离于令名:争友,能直言规劝自己的朋友。朋友有好有坏。有益的朋友,指正直的、信实的、见闻广博的三种人。这就是所谓的争友。不离,即不失,不会丧失。令,善,好。令名,好的名声、名誉。 ⑩ 父有争子,则身不陷于不义:陷,没,掉进去。儒家经典中多次讲到儿子规劝父母的方法,要反复劝谏,还要不失爱戴和顺从。对国君进谏和对父母进谏是不同的。《礼记·曲礼下》言:“为人臣之礼,不显谏,三谏而不听,则逃之。子之事亲也,三谏而不听,则号泣而随之。”意为人们可以离开国君,却无法离开自己的父母。对国君,谏三遍不被接受就可以逃离。而对父母不管谏多少次,都不能离开。⑪ 故当不义,则子不可以不争于父,臣不可以不争于君:当,面对,对着。

争于父，向父亲进行规谏。《疏》引郑注云："君父有不义，臣子不谏诤，则亡国破家之道也。"谏争的目的是为国不亡、家不破，故而是必须的。 ⑫从父之令，又焉得为孝乎：焉，怎么，哪里。《群书治要》郑注言："委曲从父命，善亦从善，恶亦从恶，而心有隐，岂得为孝乎！"意为，作为儿子，不管父亲做的事是好是坏，一律顺从，即使心里有不满之处，也委曲求全，实际上是将父亲推入了不义的陷阱之中，这种儿子，不能称作孝子，而是大不孝。

【译文】曾参说："像那些关于慈爱父母、恭敬父母、安定父母和扬名于后世的道理，学生已经听过先生的教诲了。我还想冒昧地请教的是，儿子绝对听从父母的命令和意见，是不是孝道呢？"

孔子答道："这是什么话？这是什么话？过去，天子设置有三公、四辅的七位谏争大臣，即使天子没有德政，由于有七位争臣的匡正，也不至失去天下。诸侯设置有孤卿、三卿和上大夫这五位谏争大臣，即使诸侯没有德政，由于有这五位大臣的匡谏，也不至于丧失其封国。大夫设置有家相、宗老和邑宰这三位谏争家臣，即使大夫没有德政，由于有这三位家臣的匡谏，也不至于丧失其家族。为人父者，有敢于直言规劝的儿子，自身就不会陷入不义的行为之中。因此，在遇见父亲有不义的行为时，儿子不能不向父亲进行谏争，在国君有不义的行为时，臣子不能不向国君进行谏争。（因为，在遇到不义的时候，若子不谏父，臣不谏君，就会陷于家破国亡的无可挽回的境地。）所以，只要是不义行为，不论他是父亲还是国君，都要进行谏争。做儿子的如果一味地绝对服从父亲的命令，又怎么能算是孝子呢？"

感应章第十六

【题解】感应，指神灵与人之间的相互影响、交相呼应。本章仍是讲孝道的作用，但这个作用已经不是人对人、人对社会的作用，而是人与天、与地、与祖先亡灵的相互感化，而发生的作用。文中认为，天子只要诚心尽孝，就能敬事上天，敬事地祇，敬事先祖亡灵，从而与上天、地祇和先祖亡灵相互感应，上天、地祇和先祖亡灵明察了天子的孝心和祭祀的诚心，就能降福来佑护人间，从而使风调雨顺，寒暑适宜，万物生长，五谷丰登，四海之内的民众，无不受天子孝道的感化，而都来归附，达到天、地、人三者和合的最高境界。当然，天人感应是不存在的。

子曰："昔者明王，事父孝，故事天明①；事母孝，故事地察②；长幼顺，故上下治③。天地明察，神明彰矣④。

"故虽天子必有尊也，言有父也⑤；必有先也，言有兄也⑥。宗庙致敬，不忘亲也⑦。修身慎行，恐辱先也⑧。宗庙致敬，鬼神著矣⑨。孝悌之至，通于神明，光于四海，无所不通⑩。

"《诗》云⑪：'自西自东，自南自北，无思不服⑫。'"

【注释】① 昔者明王,事父孝,故事天明:明王,圣明睿智的帝王。明,明察,了解得非常清楚。此处有上对下、下对上都明察的意思。事天明,指圣明的帝王在郊祀上天时,因其能明其心迹,对上天毫无隐瞒,从而使上天能明了他对父亲的孝敬之心和对天的虔诚之心,受其感动而降福,使风调雨顺,寒暑适宜。在古代儒家哲学思想体系中以父为天,以母为地。因其有孝敬父亲的诚心,必然能将此转移为竭诚敬奉上天的尊崇之心。② 事母孝,故事地察:事地,指祭祀地神。古人称地神为地祇或后土。祭祀地神在社。察,为上句“明”字的换文,含义相同。因大地是孕育生长万物的载体,给人提供生存的基本物质条件,故天子要祭祀地神,以祈求万物生长茂盛。同时要明察天下地形高下和土质不同,以恰当地指导农事。③ 长幼顺,故上下治:顺,顺序,合于礼的关系。长幼,指兄与弟。长幼顺,兄长与其弟的关系合于礼义,即兄爱弟敬。上下治,指社会中尊卑上下各个等级之间的关系处理得很好。上对下亲近,下对上恭顺。 ④ 天地明察,神明彰矣:神,指天地神灵。神明之明,指睿智的帝王。彰,显,显著,彰扬,有互相彰扬、降福保佑的意思。 ⑤ 故虽天子必有尊也,言有父也:意为,天子本来是人间最尊贵者,但即便如此,还有比天子更尊贵的人,就是说,他也有父亲。由于古代天子之位实行嫡长子继承制,父死后,其嫡长子才可以继承帝位,故而在一般情况下,天子不应有生身父亲仍在世供他孝敬。于是,就出现了对本章中所言天子之父指什么人的问题,古代注家对此有不同说法。《群书治要》郑注云:“虽贵为天子,必有所尊,事之若父,三老是也。”意为天子之父事者指上文之三老。唐玄宗注云:“父谓诸父,兄谓诸兄,皆祖考之胤也。礼,君宴族人,与父兄齿也。”这是说,天子之父,指其同族的父辈,即叔叔、伯伯等。两种说法都可通。天子对父辈必须十分尊崇,并尽天下的财力来供养。 ⑥ 必有先也,言有兄也:先,先后之先,前,比他早降生,即兄长。《群书治要》郑注云:“必有所先,事之若兄者,五更是也。”言天子之兄事者为上文所言之五更。而注⑤所引唐玄宗注,则以为是其同祖乃至同父的诸兄,即叔伯兄弟和庶兄。⑦ 宗庙致敬,不忘亲也:宗庙,为祭祀祖先之处。先秦天子设七庙,祭其始祖和三昭三穆,共七代祖先。昭穆,是当时始祖以下同族男子逐代相承的辈分名称,如曾祖为昭,祖父为穆,父亲为昭。天子所祭三昭三穆,指自其往上之六代父祖。致敬,指在宗庙祭祀时,充分表达天子对逝世先祖的崇敬之心。 ⑧ 修身慎行,恐辱先也:修身,对自己进行道德品质的修养。慎行,自己一举一动都十分谨慎,惟恐出差错。恐,怕,担心。先,先人,指其父亲、祖父等祖宗。辱先,对先人有所侮辱。这种侮辱,对常人来说,主要是自己受伤或犯罪,受伤会使先人遗留给自己的肢体受到侮辱,犯罪会使先祖清白的名声受到侮辱。对天子来说,主要是丑恶残暴的行为会使王朝在百姓中的威望有所降低,而招致辱骂,甚至使王朝覆灭,先祖的宗庙被毁,先祖遗留下来的大业丧失,那是对先祖最大的侮辱。 ⑨ 宗庙致敬,鬼神著矣:著,有两种解释。《群书治要》郑注云:"事生者易,事死者难,圣人慎之,故重其文。"意为著是与上文之"彰"同义,整个句子都是与前句的重复。而唐玄宗注言:"事宗庙能尽敬,则祖考来格,享于克诚,故曰著也。"意为著是附著的意思。鬼神,是指先人的魂灵。句意为,因天子祭祀祖宗十分礼敬,故而其祖先的魂灵都来附著享用,为天子祭祀的诚心所感动而赐以福佑。 ⑩ 孝悌之至,通于神明,光于四海,无所不通:光,横,即充满,充斥,到处都是。四海,指东海、西海、南海、北海。通,达,到达。无所不通,指四海之内凡有人的地方,无不被其孝道所感化,连极远的民族都通过几道翻译,前来进献贡品。 ⑪《诗》:下引诗句见《诗经·大雅·文王有声》。据说,此诗是赞颂周文王的武功,并歌颂武王能够继承文王极好的声誉,完成其讨伐殷商的武功。 ⑫ 自西自东,自南自北,无思不服:自西自东,自南自北,即由最西到最东,从极南到极北,天下四方,所有的地方。服,归附,服从。

【译文】孔子说:"过去,圣明睿智的帝王能够孝顺地侍奉父亲,所以当他在郊外圜丘祭祀上天时,极其诚敬,上天也因此能明察他的孝心和敬天的诚心。圣明睿智的帝王能够孝顺地侍奉母亲,所以当他在祭祀地神时,极其诚敬,地神也因此能明察他的孝心和敬地的诚心。圣明睿智的帝王对兄敬对弟爱,就能使天下尊卑贵贱上下的人都处理好关系。圣明的帝王通过祭祀,与天帝地神互相明察,天地神灵降福的佑护与帝王道德的感化,相得益彰。

“所以即使贵为天子,也有比他更尊贵的人,就是说,天子也有要孝敬的父辈。天子也有比他年长的亲人,就是说,天子也有自己的兄长。天子设宗庙,事先斋戒,四时进行祭祀,以充分表达对死去的先祖的崇敬之心,说明天子不敢忘记逝去的亲人们。天子也要时时自我修身养性,以提高自己的道德品质,还要谨慎自己的所作所为,以便为万民做出榜样。这样做的目的,是害怕自己不当的道德和行为造成的后果对先人造成侮辱,甚至丧失祖宗留下来的社稷大业。天子设宗庙进行祭祀,以充分表达自己的崇敬之心,祖先的魂灵就会前来享用其祭奠的供品,并赐以福佑。天子行孝道尽善尽美,就能够与神灵互相通达,四海之内充满其道德的光辉,凡有人的地方无不受其孝道的感化,即使极边远的少数族人也通过几道翻译,前来朝贡,以表示衷心的臣服。

“《诗经·大雅·文王有声》中说:‘由最东到最西,从最南到最北,天下之人,没有不被天子的孝义所感化,没有不归附的。’”

事君章第十七

【题解】事君，指事奉国君。在《广扬名章》中曾论及君子以事亲之孝移于事君，以便建功立业、扬名于后世。本章则进一步深入论说君子应如何事君。提出，君子无论为官还是为民，在朝还是在野，都应以尽忠为事君的最基本的道德思想和行为。而尽忠，有对朝政提出好的建议，奉行国君的德政，发扬其圣德；有纠正国君的失误和国事的错误，以制止国君的恶行和暴政。这种一心忠君的君子，将会永远受到民众的爱戴。本章中所提出的君子事君要"进思尽忠，退思补过，将顺其美，匡救其恶"的要求，在历史上影响深远。

子曰："君子之事上也①，进思尽忠②，退思补过③，将顺其美④，匡救其恶⑤，故上下能相亲也⑥。

"《诗》云⑦：'心乎爱矣，遐不谓矣。中心藏之，何日忘之⑧！'"

【注释】① 君子之事上：君子，指有德行者。事，侍奉。上，此处指君主。唐玄宗注："上谓君也。"事上，侍奉君主。　② 进思尽忠：进，指在朝廷为官。思，考虑。尽忠，竭尽对国君的忠诚，直至为其而死。　③ 退思补过：退，退职闲居家中。补过，弥补自身的过失以更好地为君为国，或弥补国君与国家大事中的不当之处。 ④将顺其美：将，奉行，秉承。顺，顺从。有使动的意思，不仅自己顺从，还要使天下人顺从。美，好，正当，正确。唐玄宗注："将，行也。君有美善，则顺而行之。"意为对国君正确有益的政令，要毫不犹豫地奉行，使其德政能顺利地推广到各地。 ⑤匡救其恶：匡，纠正，扶正。救，补救，弥补，制止。唐玄宗注言："匡，正也。救，止也。君有过恶，则正而止之。"意为，对国君的错误或不当要进行匡正或补救，使其受到制止。 ⑥故上下能相亲也：上，国君。下，臣僚。《群书治要》郑注言："君臣同心，故能相亲。"唐玄宗注："下以忠事上，上以义接下，君臣同德，故能相亲。"意为，君子能够彰扬国君的美德，又能匡正国君的过失，无论何时何地对国君都是一片忠心，国君能以义对待臣僚，听从臣僚的意见，君臣之间紧密合作、相互信任而不猜忌，所以能互相亲爱。⑦《诗》：下引诗句见《诗·小雅·隰(xí 媳)原》。据说，此诗写于周幽王时，当时小人当道，君子在野，民众怀念有德行的君子，赞颂他在位时，能尽忠于君，有益于民，而作此诗予以讽谏。 ⑧心乎爱矣，遐不谓矣。中心藏之，何日忘之：乎，表感叹，可译为啊、呀。遐，远，指因君子不做官而居于很远的鄙野。谓，诉说。中心，心中，内心之中。之，指君子任官时的忠诚与为民的业绩。本章以此诗句作结，意为民众永远不会忘记那些曾经忠心耿耿奉事于国君的德行君子。从而与前《广扬名章》中的"名立于后世"相呼应。

【译文】孔子说："贤人君子侍奉国君的做法：当他在朝廷中为官，要考虑如何竭尽自己的忠诚，甚至为之去死。当他离职为民后，要考虑如何纠正自己的过失，以便将来更好地为君尽忠，或考虑国君和国事的不当，以弥补失误的损失。对国君正确有益的政令，要积极奉行，使其德政得到顺利实施。对国君的过错和不当要加以纠正或补救，使其恶政暴行受到制止。由于国君能待臣下以义，而臣下能侍奉国君以忠，故而君臣之间紧密合作，互相亲爱。

“《诗·小雅·隰原》中写道:‘我们民众的心中呀,是多么爱戴那位曾经任官忠君为民的君子呀,即使他现在远居于鄙野而无法当面向他诉说这种爱戴。我们心中深深地保藏着对君子的爱戴,什么时候也不会忘记的啊!’”

丧亲章第十八

【题解】以上诸章多数讲的是如何在父母生前行孝，而本章则专门讲的是在父母死后行孝，从而作为孝子事亲的终结。本章中具体讲了在父母死后孝子在各种场合的行为和表情，总的意思是孝子要以最大的悲伤和哀痛之情去处理丧事，还要节哀，不可因过分哀痛而伤生，服丧不能超过三年。本章中还讲了从为亡故父母制作棺椁，入殓，到安葬、建庙祭祀的全部活动规范，表现了儒家重死厚葬的风气。本章最后四句总结全书，言作为孝子，父母在世时以爱敬之心去奉养，父母逝世后以哀痛之心去安葬，到此，孝子事生送死尽孝道的事就算终结了。

子曰："孝子之丧亲也①，哭不偯②，礼无容③，言不文④，服美不安⑤，闻乐不乐⑥，食旨不甘⑦，此哀戚之情也⑧。三日而食⑨，教民无以死伤生，毁不灭性⑩，此圣人之政也。丧不过三年，示民有终也⑪。

"为之棺、椁、衣、衾而举之⑫；陈其簠簋而哀戚之⑬；擗踊哭泣，哀以送之⑭；卜其宅兆，而安措之⑮；为之宗庙，以鬼享之⑯；春秋祭祀，以时思之⑰。

“生事爱敬，死事哀戚，生民之本尽矣，死生之义备矣[18]，孝子之事亲终矣[19]。”

【注释】① 丧亲：丧，丧失，失去。丧亲，父母死去，孝子失去了生身父母。 ② 哭不偯(yǐ 以)：偯，哭泣的尾声、余声。古人哭丧因与死者的亲疏关系不同而有不同的等级。本文讲孝子哭父母之丧，应“哭不偯”。严可均辑《孝经郑注》言：“气竭而息，声不委曲。”就是要比其他人哭得更伤心，以至气息竭促，哭声嘶哑没有了高低顿挫。 ③ 礼无容：容，仪容，指不同场合的特定的仪容要求。礼无容，指在办丧事、接待吊丧者时，不可如平时那样注重仪止和容貌。 ④ 言不文：言，言语，说话。文，文饰，修饰。言不文，语言简单质朴，不加修饰。表示话语简略，不多说话。孝子在治丧时，对他人的话，一般只表示首肯，而不回答其问话，更不向别人问询。即使说话，也非常简略，不加文饰。 ⑤ 服美不安：服，穿着(服装)。美，好，指衣服的质地和纹饰美好。《经典释文》郑注言：“去文绣，衣衰服也。”唐玄宗注：“不安美饰，故服衰麻。”意为，孝子在办丧事时，心里悲痛之极，身上如果穿着质地优良、纹饰美艳的衣服，心中必将十分不安，因此要换上丧服。古代丧服按其与死者亲疏关系的不同，而分为五等。最重的是斩衰，穿生麻布做的不缝边的丧服，服期三年；其次齐衰，穿熟麻布做的缝边整齐的丧服，服期三月至三年；第三等大功，穿精细熟麻布做的丧服，服期九个月；第四等小功，服期五个月；最轻缌麻，服期三月。子女为父母服斩衰。 ⑥ 闻乐(yuè 岳)不乐(lè 勒)：闻，听，所到。乐，音乐。乐，高兴。孝子由于丧失父母心中悲痛，即使听到欢快的音乐，也不会感到愉快。所以丧礼规定，孝子在服丧期间，不得演奏音乐。 ⑦ 食旨不甘：旨，鲜美可口的食物。甘，香甜、鲜美的味觉。不甘，不以其味为甜美。在父母死后三天之内，孝子极为悲痛，而不思饮食，故家中不可举炊烟做饭，邻居看到此情景，送来米粥，孝子必须不管其味道好坏，不用调和，而吃此粥。假若此时有美味佳肴送来，孝子因其悲痛之极，而没有食欲，不以其味为美。 ⑧ 此哀戚之情也：哀，悲痛，悼念。戚，忧愁，悲哀。此句意为,以上六种表现都是孝子悼念、忧戚父母亡故之深情的必然流露。⑨ 三日而食:即便在父母死后因心中极为悲痛而吃不下东西,到父母死后三天一定要压抑悲痛开始吃东西。 ⑩ 教民无以死伤生,毁不灭性:教,教训,教育,教导。民,指孝子。无,不,不要。以死伤身,因为父母的逝世而伤害了自己的身体。毁,哀痛过度而伤害了身体。灭性,违背人性。毁不灭性,由于悲伤而不吃饭以至身体瘦弱,但不可过分,以至违背了人性,甚至因此而死。孔子反对孝子居丧因过度悲痛而有意作践自己的身体。《礼记·檀弓下》:"毁不危身,为无后也。"意为过于伤心而毁了自己的生命,就会使父母没有了后代,这是最大的不孝。 ⑪ 丧不过三年,示民有终也:丧,为父母服丧。示,给人看,让人知道。终,终结,终了。父母死,孝子会终生悲伤,但为父母服丧总应有个终结,故而古代规定,父亲死,子女为父亲服丧三年,实际上是二十五个月。为什么要服丧三年?孔子解释,是因为人到三岁时才能离开父母的怀抱,为了报答父母的养育之恩,所以要服丧三年。 ⑫ 为之棺、椁(guǒ 果)、衣、衾(qīn 亲)而举之:为,制作。棺,棺材,是用以装殓死者尸体、紧靠着尸体之外的木质尸匣。椁,外棺,是套在棺材之外用于保护棺材的木匣。衣,指包殓尸身的寿衣。衾,给尸身覆盖的被单和铺垫的褥子。一般都要用丝带将被褥捆绑在尸身上,以便不接触肉体就可以将尸体抬运和放置。举,举起、抬起。此处指将包殓好的尸体抬起来安放于棺椁之中。 ⑬ 陈其簠(fǔ 甫)簋(guǐ 鬼)而哀戚之:陈,摆放,陈列。簠、簋,古代用以盛放食物的两种器皿。簠为长方形,大腹,长方形盖,器盖各有两耳。簋为圆形,一般为圆口、圆腹、圈足,无耳或有两耳、四耳,有的有盖。簠、簋以铜、陶或木制成,古代用木制簠、簋盛放各种粮食供物,以祭祀鬼神。古代从父母去世到出殡入葬,死者尸棺之前都要奠奉食物。 ⑩ 擗(pǐ 匹)踊(yǒng 用)哭泣,哀以送之:擗,痛哭时以手拍胸。踊,跳跃,此处指痛哭时以足顿地。由于男女不同,故痛哭时表示极为伤心的手势和体态也不相同。简单说,男子为踊,女子为擗。擗,又写作辟。送,指送葬,出殡。送父母的遗体离去,迎父母的灵魂回宗庙。 ⑮ 卜其宅兆,而安措之:卜,占卜,此处指用占卜的办法选择送葬日期并确定墓地。其，指死去的父母。宅，此处指阴宅、幽宅，即墓穴。兆，茔域，墓园，陵区。安措，安放，安置。此处指安置灵柩，埋葬死者。 ⑯ 为之宗庙，以鬼享之：宗庙，古代王公贵族供祭祖先亡灵的场所。鬼，人死称鬼。鬼享，以酒食供祭亡灵。古代在安葬死者以后，即将其亡灵请进宗庙，在宗庙立神主牌位进行祭祀，称鬼享。 ⑰ 春秋祭祀，以时思之：春秋，指一年四季。古人习惯以春秋作为四季(时)的代称。于省吾《岁、时起源初考》言，甲骨文中只有春秋而无冬夏，今文《尚书》二十八篇中，西周的作品也无冬夏之名，可见殷和西周一年只有春秋二时，所以古人也称年为春秋。四时的划分萌芽于西周末叶。春秋时人因距一年只有二时较近，故仍习惯称一周年为春秋，并以春秋为四季的代称。时，季度。以时思之，指在三年服丧期结束以后，每到寒暑变易时就想到亡故父母，故祭祀以表达自己的哀思。 ⑱ 生事爱敬，死事哀戚，生民之本尽矣，死生之义备矣：生民，人民。本，根本，此处指孝道。死生之义，指父母在世时尽力奉养，父母死亡，安葬祭祀。备，完备。 ⑲ 孝子之事亲终矣：孝子事奉父母的孝道至此结束。以上几句为全书十八章内容的总结。

【译文】孔子说："孝子在父母亲去世时，哭声应该表现出自己极度悲伤的心情，不可哭出阴阳顿挫的声音，不可带有尾声。在接待宾客时，因自己极度悲伤而不必拘泥于礼节容止。话语简略，不加文饰。这时，穿着质料优异花纹新颖的服装会感到非常不安，而要换上粗麻不缝边的孝子的丧服——斩衰。即使听到欢快的音乐声，也绝不会产生愉快的表情。根本不想吃饭，再好的食品吃着也没味道。以上这些，都是孝子在丧失父母时因为悼念、悲痛而必然流露的表现。父母死后三天，孝子要开始吃东西，这是教导孝子不要因为父母的逝世哀痛过度伤害了自己的身体，不要由于悲伤而身体瘦弱，以至违背了人性，这就是圣人的政教。孝子为父母服丧不超过三年，圣人这样规定，是为了让民众知道，无论什么事都应有个终结的时候。

“按照身份给死者做好相应数量和质料的棺材和外椁，穿上规定数目和质料的寿衣，扎好规定数目的被单和褥子，将尸身抬起，装殓进棺材之中。用没有花纹的方形的簠和圆形的簋盛放黍、稷、稻、粱等粮食，供奉在父母尸棺的跟前，来表达自己失去生身父母的悲痛心情。孝子伤心得顿足跳跃，孝女悲痛得以手拍胸，一路大哭，送父母灵柩出殡，前去安葬。占卜适当的安葬日期和安全的墓穴，使其以后不会因各种变故而受到干扰。然后安置灵柩，埋葬死去的父母。将亡去父母的灵魂请进宗庙，为其立神主牌位建宗庙，用酒食进行祭祀。服丧期结束以后，每到春夏秋冬季节变换时，就按时在宗庙对亡故的父母进行祭祀，以表达自己的哀悼之情。

“父母在世时孝子竭尽爱敬之心去侍奉，父母去世时孝子以最悲痛的心情去办丧事，这样，人民就算尽到了根本的责任——孝道，生前奉养，死后安葬、祭祀，这一系列的孝子敬奉父母的义务就完备了，到此，孝子事亲的任务终于结束了。”

附录

一、古 文 孝 经

开宗明谊章第一①

仲尼闲居②,曾子侍坐③。

子曰:"参④,先王有至德要道,以训天下⑤,民用和睦,上下亡怨⑥。女知之乎⑦?"

曾子辟席曰⑧:"参不敏,何足以知之乎?"

子曰:"夫孝,德之本也,教之所繇生⑨。复坐,吾语女⑩!身体发肤,受之父母,不敢毁伤,孝之始也。立身行道,扬名于后世,以显父母,孝之终也。夫孝,始于事亲,中于事君,终于立身。《大雅》云:'亡念尔祖⑪,聿脩其德⑫。'"

【校记】① 谊,今文作"义"。 ② 闲,今文无此字。 ③ 坐,今文无此字。 ④ 参,今文无此字。 ⑤ 训,今文作"顺"。 ⑥ 亡,今文作"无"。 ⑦ 女,今文作"汝"。 ⑧ 辟,今文作"避"。 ⑨ 繇,今文作"由"。生,今文作"生也"。 ⑩ 女,今文作"汝"。 ⑪ 亡,今文作"无"。⑫ 脩,今文作"修"。其,今文作"厥"。

天子章第二

子曰："爱亲者，不敢恶于人；敬亲者，不敢慢于人。爱敬尽于事亲，然后德教加于百姓[①]，刑于四海。盖天子之孝也。

"《吕刑》云[②]：'一人有庆，兆民赖之。'"

【校记】① 然后，今文此二字作"而"。 ② 吕，今文作"甫"。

诸侯章第三

子曰[①]："居上不骄[②]，高而不危；制节谨度，满而不溢。高而不危，所以长守贵也；满而不溢，所以长守富也。

"富贵不离其身，然后能保其社稷，而和其民人。盖诸侯之孝也。

"《诗》云：'战战兢兢，如临深渊，如履薄冰。'"

【校记】① 子曰，今文无此二字。 ② 居，今文作"在"。

卿大夫章第四

子曰[①]："非先王之法服不敢服，非先王之法言不敢道，非先王之德行不敢行。

"是故非法不言，非道不行；口亡择言[②]，身亡择行[③]；言满天下亡口过[④]，行满天下亡怨恶[⑤]。三者备矣，然后能保其禄位[⑥]，而守其宗庙[⑦]。盖卿大夫之孝也。

"《诗》云：'夙夜匪解[⑧]，以事一人。'"

【校记】① 子曰，今文无此二字。 ② 亡，今文作"无"。 ③ 亡，今文作“无”。　④ 亡，今文作“无”。　⑤ 亡，今文作“无”。　⑥ 保其禄位，今文无此四字。　⑦ 而，今文无此字。　⑧ 解，今文作“懈”。

士章第五

子曰[1]：“资于事父以事母，其爱同[2]；资于事父以事君，其敬同[3]。故母取其爱，而君取其敬，兼之者，父也。

“故以孝事君则忠，以弟事长则顺[4]。忠顺不失，以事其上，然后能保其爵禄[5]，而守其祭祀。盖士之孝也。

“《诗》云：‘夙兴夜寐，亡忝尔所生[6]。’”

【校记】① 子曰，今文无此二字。　② 其，今文作“而”。　③ 其，今文作“而”。　④ 弟，今文作“敬”。　⑤ 爵禄，今文作“禄位”。　⑥ 亡，今文作“无”。

庶人章第六

子曰[1]：“因天之时[2]，就地之利[3]，谨身节用，以养父母。此庶人之孝也。

【校记】① 子曰，今文无此二字。　② 因，今文作“用”。时，今文作“道”。　③ 就，今文作“分”。

孝平章第七[1]

子曰[2]：“故自天子以下至于庶人[3]，孝亡终始[4]，而患不及者，未之有也。”

【校记】① 本章今文与上章合为一章。　② 子曰，今文无此二字。③ 以下，今文无此二字。　④ 亡，今文作“无”。

三才章第八[①]

曾子曰："甚哉，孝之大也！"

子曰："夫孝，天之经也，地之谊也[②]，民之行也。天地之经，而民是则之。则天之明，因地之利，以训天下[③]，是以其教不肃而成，其政不严而治。先王见教之可以化民也，是故先之以博爱，而民莫遗其亲。陈之以德谊[④]，而民兴行；先之以敬让，而民不争；道之以礼乐[⑤]，而民和睦；示之以好恶，而民知禁。

"《诗》云：'赫赫师尹，民具尔瞻。'"

【校记】① 今文作"第七"。 ② 谊，今文作"义"。 ③ 训，今文作"顺"。 ④ 以，今文作"于"。谊，今文作"义"。 ⑤ 道，今文作"导"。

孝治章第九[①]

子曰："昔者明王之以孝治天下也，不敢遗小国之臣，而况于公、侯、伯、子、男乎？故得万国之欢心，以事其先王。

"治国者，不敢侮于鳏寡，而况于士民乎？故得百姓之欢心，以事其先君。

"治家者，不敢失于臣妾之心[②]，而况于妻子乎？故得人之欢心，以事其亲。

"夫然，故生则亲安之，祭则鬼享之，是以天下和平，灾害不生，祸乱不作。故明王之于孝治天下也如此[③]。

"《诗》云：'有觉德行，四国顺之。'"

【校记】① 第九，今文作“第八”。　② 之心，今文无此二字。　③ 于，今文作“以”。

圣治章第十[①]

曾子曰：“敢问圣人之德，其亡以加于孝乎[②]？”

子曰：“天地之性，人为贵。人之行，莫大于孝。孝莫大于严父，严父莫大于配天，则周公其人也！

“昔者，周公郊祀后稷以配天，宗祀文王于明堂以配上帝。是以四海之内，各以其职来助祭[③]。夫圣人之德，又何以加于孝乎？

“是故亲生毓之[④]，以养父母日严。圣人因严以教敬，因亲以教爱。圣人之教，不肃而成，其政不严而治，其所因者，本也。”

【校记】① 第十，今文作“第九”。　② 其，今文无此字。亡，今文作“无”。　③ 助，今文无此字。　④ 是故，今文作“故”。毓之，今文作“之膝下”。

父母生绩章第十一[①]

子曰[②]：“父子之道，天性也，君臣之谊也[③]。父母生之，绩莫大焉[④]！君亲临之，厚莫重焉！”

【校记】① 本章，今文与上章合为一章。　② 子曰，今文无此二字。③ 谊，今文作“义”。　④ 绩，今文作“续”。

孝优劣章第十二[①]

子曰[②]：“不爱其亲[③]，而爱他人者，谓之悖德。不敬其亲，而敬他人者，谓之悖礼。以训则昏[4]，民亡则焉[5]！不宅于善[6]，而皆在于凶德，虽得志[7]，君子弗从也[8]！

"君子则不然，言思可道，行思可乐，德谊可尊[9]，作事可法，容止可观，进退可度。以临其民，是以其民畏而爱之，则而象之。故能成其德教，而行其政令。

"《诗》云：'淑人君子，其仪不忒。'"

【校记】① 本章及上章，今文与第十章合为一章。 ② 子曰，今文无此二字。 ③ 不，此字前今文有"故"字。 ④ 训，今文作"顺"。昏，今文作"逆"。 ⑤ 亡，今文作"无"。 ⑥ 宅，今文作"在"。 ⑦ 志，今文作"之"。 ⑧ 弗从，今文作"不贵"。 ⑨ 谊，今文作"义"。

纪孝行章第十三[1]

子曰："孝子之事亲乎[2]，居则致其敬，养则致其乐，疾则致其忧[3]，丧则致其哀，祭则致其严。五者备矣，然后能事其亲[4]。

"事亲者，居上不骄，为下不乱，在丑不争。居上而骄则亡，为下而乱则刑，在丑而争则兵。此三者不除[5]，虽日用三牲之养，繇为不孝也[6]。"

【校记】① 第十三，今文作"第十"。 ② 乎，今文作"也"。 ③ 疾，今文作"病"。 ④ 其，今文无此字。 ⑤ 此，今文无此字。 ⑥ 繇，今文作"犹"。

五刑章第十四[1]

子曰："五刑之属三千，而辠莫大于不孝[2]。要君者亡上[3]，非圣人者亡法[4]，非孝者亡亲[5]。此大乱之道也。"

【校记】① 第十四，今文作"第十一"。　② 辠，今文作"罪"。按辠为罪之古体。　③ 亡，今文作"无"。　④ 亡，今文作"无"。　⑤ 亡，今文作"无"。

广要道章第十五①

子曰："教民亲爱，莫善于孝。教民礼顺，莫善于弟②。移风易俗，莫善于乐。安民治民③，莫善于礼。

"礼者，敬而已也。故敬其父则子说④，敬其兄则弟说⑤，敬其君则臣说⑥。敬一人而千万人说⑦，所敬者寡，而说者众⑧。此之谓要道也。"

【校记】① 第十五，今文作"第十二"。　② 弟，今文作"悌"。　③ 安民，今文作"安上"。　④ 说，今文作"悦"。　⑤ 说，今文作"悦"。　⑥ 说，今文作"悦"。　⑦ 说，今文作"悦"。　⑧ 说，今文作"悦"。

广至德章第十六①

子曰："君子之教以孝也，非家至而日见之也。教以孝，所以敬天下之为人父者②。教以弟③，所以敬天下之为人兄者④。教以臣，所以敬天下之为人君者⑤。

"《诗》云：'恺悌君子，民之父母'，非至德，其孰能训民如此其大者乎⑥？"

【校记】① 第十六，今文作"第十三"。　② 者，今文作"者也"。　③ 弟，今文作"悌"。　④ 者，今文作"者也"。　⑤ 者，今文作"者也"。　⑥ 训，今文作"顺"。

感应章第十七①

子曰:“昔者明王,事父孝,故事天明;事母孝,故事地察;长幼顺,故上下治。天地明察,鬼神章矣②。

“故虽天子必有尊也,言有父也;必有先也,言有兄也;必有长也③。宗庙致敬,不忘亲也。修身慎行,恐辱先也。宗庙致敬,鬼神著矣。孝弟之至④,通于神明,光于四海,亡所不暨⑤。

“《诗》云:‘自西自东,自南自北,亡思不服⑥。’”

【校记】① 第十七,今文作“第十六”。 ② 鬼神章,今文作“神明彰”。 ③ 必有长也,今文无此四字。 ④ 弟,今文作“悌”。 ⑤ 亡,今文作“无”。暨,今文作“通”。 ⑥ 亡,今文作“无”。

广扬名章第十八①

子曰:“君子事亲孝②,故忠可移于君;事兄弟③,故顺可移于长;居家理,故治可移于官。是以行成于内,而名立后世矣④!”

【校记】① 第十八,今文作“第十四”。 ② 君子,今文作“君子之”。 ③ 弟,今文作“悌”。 ④ 立,今文作“立于”。

闺门章第十九①

子曰:“闺门之内,具礼矣乎!严父严兄。妻子臣妾,繇百姓徒役也。”

【校记】① 今文无此章。

谏争章第二十[1]

曾子曰："若夫慈爱、龚敬[2]、安亲、扬名，参闻命矣[3]。敢问子从父之命[4]，可谓孝乎？"

子曰："参[5]，是何言与？是何言与？言之不通邪[6]！昔者，天子有争臣七人，虽亡道[7]，不失天下[8]。诸侯有争臣五人，虽亡道[9]，不失其国。大夫有争臣三人，虽亡道[10]，不失其家。士有争友，则身不离于令名。父有争子，则身不陷于不谊[11]。故当不谊[12]，则子不可以不争于父，臣不可以不争于君。故当不谊则争之[13]。从父之命[14]，又安得为孝乎[15]？"

【校记】① 争，今文作"诤"。第二十，今文作"第十五"。　② 龚，今文作"恭"。　③ 参，今文作"则"。　④ 命，今文作"令"。　⑤ 参，今文无此字。　⑥ 言之不通邪，今文无此五字。　⑦ 亡，今文作"无"。　⑧ 不失，今文作"不失其"。　⑨ 亡，今文作"无"。　⑩ 亡，今文作"无"。　⑪ 谊，今文作"义"。　⑫ 谊，今文作"义"。　⑬ 谊，今文作"义"。　⑭ 命，今文作"令"。　⑮ 安，今文作"焉"。

事君章第二十一[1]

子曰："君子之事上也，进思尽忠，退思补过，将顺其美，匡救其恶，故上下能相亲也。

"《诗》云：'心乎爱矣，遐不谓矣。忠心臧之[2]，何日忘之！'"

【校记】① 第二十一，今文作"第十七"。　② 忠心臧之，今文作"中心藏之"。

丧亲章第二十二[①]

子曰："孝子之丧亲也，哭不依[②]，礼亡容[③]，言不文，服美不安，闻乐不乐，食旨不甘，此哀戚之情也。三日而食，教民亡以死伤生也[④]，毁不灭性，此圣人之正也[⑤]。丧不过三年，示民有终也。

"为之棺、椁、衣、衾以举之[⑥]；陈其簠簋而哀戚之；哭泣擗踊[⑦]，哀以送之；卜其宅兆，而安措之；为之宗庙，以鬼享之；春秋祭祀，以时思之。

"生事爱敬，死事哀戚，生民之本尽矣，死生之谊备矣[⑧]，孝子之事终矣[⑨]。"

【校记】① 第二十二，今文作"第十八"。 ② 依，今文作"偯"。③ 亡，今文作"无"。 ④ 亡，今文作"无"。也，今文无此字。 ⑤ 正，今文作"政"。 ⑥ 以，今文作"而"。 ⑦ 哭泣擗踊，今文作"擗踊哭泣"。⑧ 谊，今文作"义"。 ⑨ 事，此字下今文有"亲"字。

二、历代序跋要录

古文孝经序

西汉·孔安国(?)

《孝经》者何也?孝者,人之高行;经者,常也。自有天地人民以来,而孝道著矣。上有明王,则大化滂流,充塞四合。若其无也,则斯道灭息。当吾先君孔子之世,周失其柄,诸侯力争,道德既隐,礼谊又废。至乃臣弑其君,子弑其父,乱逆无纪,莫之能正。是以夫子每于闲居而叹述古之孝道也。

夫子敷先王之教于鲁之洙泗,门徒三千,而达者七十有二也。贯首弟子颜回、闵子骞、冉伯牛、仲弓,性也至孝之自然,皆不待谕而寤者也。其余则悱悱愤愤,若存若亡。唯曾参躬行匹夫之孝,而未达天子、诸侯以下扬名显亲之事,因侍坐而咨问焉。故夫子告其谊,于是曾子喟然知孝之为大也。遂集而录之,名曰《孝经》,与五经并行于世。逮乎六国,学校衰废。及秦始皇焚书坑儒,《孝经》由是绝而不传也。至汉兴,建元之初,河间王得而献之,凡十八章。文字多误，博士颇以教授。后鲁共王使人坏夫子讲堂，于壁中石函得《古文孝经》二十二章，载在竹牒，其长尺有二寸，字科斗形。鲁三老孔子惠抱诣京师，献之天子。天子使金马门待诏学士与博士群儒，从隶字写之，还子惠一通，以一通赐所幸侍中霍光。光甚好之，言为口实。时王公贵人咸神秘焉，比于禁方。天下竞欲求学，莫能得者。每使者至鲁，辄以人事请索。或好事者募以钱帛，用相问遗。鲁吏有至帝都者，无不赍持以为行路之资。故《古文孝经》初出于孔氏。而今文十八章，诸儒各任意巧说，分为数家之谊，浅学者以当六经，其大车载不胜，反云孔氏无《古文孝经》，欲蒙时人。度其为说，诬亦甚矣。吾愍其如此，发愤精思，为之训传，悉载本文，万有余言，朱以发经，墨以起传，庶后学者，睹正谊之有在也。今中秘书，皆以鲁三老所献古文为正。河间王所上虽多误，然以先出之故，诸国往往有之。汉先帝发诏称其辞者，皆曰“传曰”，其实《今文孝经》也。

昔吾逮从伏生论《古文尚书》谊。时学士会，云出叔孙氏之门，自道知《孝经》有师法。其说“移风易俗，莫善于乐”，谓为天子用乐，省万邦之风，以知其盛衰。衰则移之以贞盛之教，淫则移之以贞固之风，皆以乐声知之。知则移之。故云“移风易俗，莫善于乐”也。又，师旷云：“吾骤歌南风，多死声，楚必无功”，即其类也。且曰：“庶民之愚，安能识音，而可以乐移之乎？”当时众人佥以为善。吾嫌其说迂，然无以难之。后推寻其意，殊不得尔也。子游为武城宰，作弦歌以化民。武城之下邑，而犹化之以乐，故传曰："夫乐，以关山川之风，以曜德于广远。风德以广之，风物以听之，修诗以咏之，修礼以节之。"又曰："用之邦国焉，用之乡人焉"，此非唯天子用乐明矣。夫云集而龙兴，虎啸而风起，物之相感，有自然者，不可谓毋也。胡笳吟动，马蹀而悲；黄老之弹，婴儿起舞。庶民之愚，愈于胡马与婴儿也？何为不可以乐化之！

《经》又云："敬其父则子说，敬其君则臣说"，而说者以为各自敬其为君父之道，臣子乃说也。余谓不然。君虽不君，臣不可以不臣；父虽不父，子不可以不子。若君父不敬，其为君父之道，则君子便可以忿之邪？此说不通。吾为传，皆弗之从焉也。

《汉书·艺文志》孝经类小序

东汉·班　固

《孝经》者，孔子为曾子陈孝道也。夫孝，天之经，地之义，民之行也。举大者言，故曰《孝经》。汉兴，长孙氏、博士江翁、少府后仓、谏大夫翼奉、安昌侯张禹传之，各自名家。经文皆同，唯孔氏壁中古文为异。"父母生之，续莫大焉"，"故亲生之膝下"，诸家说不安处，古文字读皆异。

敦煌本孝经序

东汉·郑　玄(?)

《孝经》者，鲁国先师姓孔，名丘，字仲尼。其父叔梁纥，后娶颜氏之女，久而无子，故其(祈)于尼丘山，而生孔子。其首反，用像尼丘山，故名丘，字仲尼。有圣德，应聘诸国，莫能见用。当春秋之末，文武道坠，逆乱兹甚，篡弑由生。皇灵哀末代之黔黎，愍仓生之莫救，故命孔子，使述六艺，以待命主。有飞鸟遗文书于鲁门，云："秦灭法，孔经存。"孔子既睹此书，悬车止聘。鲁哀公十一年自卫归鲁，修《春秋》，述《易》道，乃刊《诗》、《书》，定礼乐，教于洙、泗之间，弟子四方之者三千余人，受业身通达者七十二人。惟有弟子曾参有至孝之性，故因闲居之中，为说孝之大理。弟子录之，名曰《孝经》。

夫孝者，盖三才之经纬，五行之纲纪。若无孝，则三才不成，五行僭序。是以在天则曰至德，在地则曰愍德，施之于人则曰孝德。故下文言，夫孝者，天之经，地之义，人之行，三德同体而异名，盖孝之殊途。经者，不易之称，故曰《孝经》。

仆避于南城之山，栖迟岩石之下，念昔先人，余暇述夫子之志，而注《孝经》。

(本序第一、二段，据敦煌遗书伯 2545、3372、3414、3416 等号卷子过录整理；第三段，据《大唐新语》卷九"著述"、《太平御览》卷四十二"南城山"过录。)

孝经述议序

隋·刘　炫

盖玄黄肇判，人物俘(甫)始。父子之道既形，慈爱之情自笃。虽立德扬名，不逮中叶，而生爱死戚，已萌前古。洎乎驾龙乘云，法令渐章，迁夏宅殷，损益方极。莫不资父事君，因严教敬。移治家之志，以扬于王庭，推子谅之心，以教于天下。发于朝廷，施于州里，修于军旅，达于涂巷，曷尝非慈仁之教，孝弟之风哉！徒以太史马、颜，俱泛积石之流，罗纨绮组，无复素丝之质。皇道帝化，因事立功，千品万官，随时作则。揖让周旋之仪，去礼已远；洒扫应对之节，离本更遥。泳其末而不践其源，股其道而未臻其极。百行孝为本也，孝迹弗彰；六经孝之流也，孝理更翳。五品不逊，尤亏大典，万□不睹，实启圣心。加以周道既衰，彝伦攸斁，王泽不下于民，群生莫知所仰。覆宗害父，窃国犯君，乱逆无纪，名教将绝。夫子乃假称教授，制作《孝经》，论治世之大方，述先王之要训。其意盖将匡颓运而追逸轨也，抑亦所以伫兴王而示高迹也。孔子卒而大义乖，秦政起而群言丧。汉室龙兴，方垂购采，简有脱遗，字多摩灭。五经沉于闾里，俗说显于学官，闻疑传疑，得末行末。肇自许洛，迄于魏齐，各骋胸臆，竞操刀斧。琐言杂议，殆至百家，专门命氏，犹将十室。王肃、韦昭，悉为佼佼；刘邵、虞翻，抑又其次。俗称郑氏，秽累尤多。譬放四族，议碎更甚。此诸家者，虽道有升降，势或盛衰，俱得藏诸秘府，行于世俗。安国之传，蔑尔无闻，以迄于今，莫遵其学。陆绩引其言，而不纂其业。荀昶得其本，而不觉其精。

炫与冀州秀才刘焯，俯挹波澜，追慕风采，渴仰丕积，多历岁年。大隋之十有□载，著作郎王邵(劭)始得其书，远遣垂示。似火自上，如石投水，散帙披文，惊心动魄。遂与焯考正讹谬，敷训门徒。凿垣墉以开户牖，排榛薮以通轨躅。大河之北，颇已流行。于彼殊方，仍未宣布。终宴不疲，实惟我待，望屠而嚼，非无他士耶！聊复采经摭传，断长补短，纳诸规矩，使就绳墨。经则自陈管见，追述孔旨。传则先本孔心，却申鄙意。前代注说，近世解议，残缣折简，盈箱累箧。义有可取，则择善而从。语足惑人，则略纠其谬。孔传之讹舛者，更无孔本，莫与比较，作《孝经稽疑》。郑氏之芜秽者，实非郑注，发其虚诞，作《孝经去惑》。其引书止取要证，或略彼文，其国讳谨别格各存本字。庶遗彼后生，传诸私族，其讯予不顾，亦未如之何已矣！

问者曰：孔注《尚书》，文辞至简，及其传此，繁夥已极。理有溢于经外，言或出于意表。比诸《尚书》，殊非其类。且历代湮沉。于今始世，世之学者，咸用致疑。吾子暴露诸家，独遵孔氏必为真，请闻其要。

答曰：《尚书》，帝典臣谟，相对之谈耳。训诰誓命，教戒之书耳。其文直，其义显，其用近，其功约。徒以文质殊方，谟雅诰悉，古今异辞，俗易语反。振其绪而深旨已见，诂其字而大义自通。理既达文，言足垂后。岂徒措辞尚简，盖亦求烦不获。《孝经》言高趣远，文丽旨深，举治乱之大纲，辨天人之弘致。大则法天因地，祀帝享祖，道洽万国之心，泽周四海之内。乃使天地昭察，鬼神效灵,灾害不生,祸乱不作。明王以治定,圣德之所不加。小则就利因时,谨身节用,施政闺门之内,流恩徒役之下。乃使室家理治,长幼顺序,居上不骄,为下不乱,臣子尽其忠敬,仆妾竭其欢心。其所施者,牢笼宇宙之器也。其所述者,阐扬性命之谈也。辞则阃闳易路,而闺阁尤深;义则阶陀可登,而户牖方密。为传者将上演冲趣,下寤庸神,眪曒光于戴盆,飞泥蟠于天路。不得不博文以谈之,缓旨以喻之。孔氏参订时验,割析毫厘,文武交畅,德刑备举。乃至管、晏雄霸之略,荀、孟儒雅之风,孙、吴权谲之方,申、韩督责之术,苟其萌动经意,源发圣心,莫不修其根本,导其流末,探颐索隐,钻幽洞微,穷道化之玄宗,尽注述之高致。犹尚藏于私室,蠹于枯简,历且千载,莫之或传。假使表之高的,鸣之以建鼓,闻之者掩耳而走,见之者闭眼而逝。若使提纲举目,简言达旨,理寡义贫,辞多语纷,则将覆瓿之不暇,何弘道之可希!孔子之赞《易》也,文言多而彖象少。丘明之为《传》也,襄、昭烦而庄、闵略。圣贤有作,辞无定准。《书》、《孝》之异,复何所嫌?其辞宏赡,理致渊弘,言出系表,义流旨外者,总逸定于中逵,控奔流于巨壑。或当驰骋逾埒,涛波溢坎耳。亦无骈拇、枝指、附赘、悬疣之累在其间也。吾以幼少佩服此经,凡是先儒,备经讨阅,未有殊尤绝垣,状华出群,可以鼓玄泽于上庠,腾芳风于来裔者也。悉皆辞鄙理僻,说迂义诞,格言沦于腐儒,妙旨翳于庸讷。或乃方于小学,废其师受,论道不以充经,选士不以应课。弃诸草野,风之传记，顾彼未议，实怀深愤。而天未丧斯，秘宝重出，大典昭晰，精义著明。斯乃冥灵应感之符，圣道缉熙之运。仰饮惠泽，退惟私幸。既逢此世，复覩斯文。羡彼康衢，忘兹驽蹇。思得撤云雾以廓昭临，凿龙门以泻填阏。故拾其滞遗，补其弊漏，傅其羽翼，除其疥癣。续日月之末光，裨河海之余润。冀乎贻训后昆，增晖前绪。何事强诡俗儒，妄假先达！且君子所贵乎道者，贵其理义可尚，非贵姓名而已。以此孔传，校彼诸家，味其深浅，详其得失。三光九泉，未足喻其高下。嵩岳培塿，无以方其小大。侧视厚薄，不觉其倍。更问真伪，欲何所明？嗟乎！伯牙绝弦于钟期，卞和泣血于荆璞，良有以也。

（本序系抄自胡平生据日本林秀一氏《关于〈孝经述议〉复原的研究》一书所载明应六年〈公元 1497 年〉古抄本残卷照片过录本）

《隋书·经籍志》孝经类小序

唐·魏　徵

夫孝者，天之经，地之义，人之行。自天子达于庶人，虽尊卑有差，及乎行孝，其义一也。先王因之以治国家，化天下，故能不严而顺，不肃而成。斯实生灵之至德，王者之要道。孔子既叙六经，题目不同，指意差别，恐斯道离散，故作《孝经》，以总会之，明其枝流虽分，本萌于孝者也。遭秦焚书，为河间人颜芝所藏。汉初，芝子贞出之，凡十八章，而长孙氏、博士江翁、少府后苍、谏议大夫翼奉、安昌侯张禹，皆名其学。又有《古文孝经》，与《古文尚书》同出，而长孙有《闺门》一章，其余经文，大较相似，篇简缺解，又有衍出三章，并前合为二十二章，孔安国为之传。至刘向典校经籍，以颜本比古文，除其繁惑，以十八章为定。郑众、马融并为之注。又有郑氏注，相传或云郑玄，其立义与玄所注余书不同，故疑之。梁代，安国及郑氏二家并立国学，而安国之本亡于梁乱。陈及周、齐，惟传郑氏。至隋，秘书监王劭于京师访得孔传，送至河间刘炫。炫因序其得丧，述其议疏，讲于人间，渐闻朝廷，后遂著令与郑氏并立。儒者喧喧，皆云炫自作之，非孔旧本，而秘府又先无其书。又云魏氏迁洛，未达华语，孝文帝命侯伏侯可悉陵，以夷言译《孝经》之旨，教于国人，谓之《国语孝经》。今取以附此篇之末。

孝经序

唐·李隆基

朕闻上古，其风朴略。虽因心之孝已萌，而资敬之礼犹简。及乎仁义既有，亲誉益著，圣人知孝之可以教人也，故因严以教敬，因亲以教爱。于是以顺移忠之道昭矣，立身扬名之义彰矣。子曰："吾志在《春秋》，行在《孝经》。"是知孝者，德之本欤。

《经》曰：昔者明王之以孝理天下也，不敢遗小国之臣，而况于公、侯、伯、子、男乎！朕尝三复斯言，景行先哲，虽无德教加于百姓，庶几广爱形于四海。嗟乎，夫子没而微言绝，异端起而大义乖。况泯绝于秦，得之者皆煨烬之末；滥觞于汉，传之者皆糟粕之余。故鲁史《春秋》，学开五传，《国风》、《雅》、《颂》，分为四诗，去圣逾远，源流益别。近观《孝经》旧注，踳驳尤甚。至于迹相祖述，殆且百家。业擅专门，犹将十室。希升堂者，必自开户牖；攀逸驾者，必骋殊轨辙。是以道隐小成，言隐浮伪。且传以通经为义，义以必当为主。至当归一，精义无二，安得不翦其繁芜，而撮其枢要也！

韦昭、王肃，先儒之领袖。虞翻、刘邵，抑又次焉。刘炫明安国之本，陆澄讥康成之注，在理或当，何必求人？今故特举六家之异同，会五经之旨趣，约文敷畅，义则昭然。分注错经，理亦条贯。写之琬琰，庶有补于将来。且夫子谈经，志取垂训，虽五孝之用则别，而百行之源不殊。是以一章之中，凡有数句，一句之内，意有兼明，具载则文繁，略之又义阙，今存于疏，用广发挥。

孝经注疏序

宋·邢　昺

夫《孝经》者，孔子之所述作也。述作之旨者：昔圣人蕴大圣德，生不偶时。适值周室衰微，王纲失坠，君臣僭乱，礼乐崩颓。居上位者赏罚不行，居下位者褒贬无作。孔子遂乃定礼乐，删《诗》、《书》，赞《易》道，以明道德仁义之源。修《春秋》，以正君臣父子之法。又虑虽知其法，未知其行，遂说《孝经》一十八章，以明君臣父子之行所寄。知其法者修其行,知其行者谨其法。故《孝经纬》曰:“孔子云:欲观我褒贬诸侯之志在《春秋》,崇人伦之行在《孝经》。”是知《孝经》虽居六籍之外,乃与《春秋》为表矣!

先儒或云:“夫子为曾参所说”,此未尽其指归也。盖曾子在七十弟子中,孝行最著。孔子乃假立曾子为请益问答之人,以广明孝道。既说之后,乃属与曾子。洎秦焚书,并为煨烬。汉膺天命,复阐微言。《孝经》河间颜芝所藏,因始传之于世。自西汉及魏,历晋、宋、齐、梁,注解之者迨及百家。至有唐之初,虽备存秘府,而简编多有残缺。传行者,唯孔安国、郑康成两家之注,并有梁博士皇侃义疏,播于国序。然辞多纰谬,理昧精研。至唐玄宗朝,乃诏群儒学官俾其集议,是以刘子玄辨郑注有十谬七惑,司马坚斥孔注多鄙俚不经。其余诸家注解,皆荣华其言,妄生穿凿。明皇遂于先儒注中采摭菁英,芟去烦乱,撮其义理允当者用为注解。至天宝二年,注成,颁行天下。仍自八分御札,勒于石碑,即今京兆石台《孝经》是也。

《四库全书总目提要》孝经类序

清·纪　昀

蔡邕《明堂论》引魏文侯《孝经传》,《吕览·审微篇》亦引《孝经》诸侯章,则其来古矣。然授受无绪,故陈骙、汪应辰皆疑其伪。今观其文,去二戴所录为近,要为七十子徒之遗书。使河间献王采入一百三十一篇中，则亦《礼记》之一篇，与《儒行》、《缁衣》转从其类。惟其各出别行，称孔子所作，传录者又分章标目，自名一经。后儒遂以不类《系辞》、《论语》绳之，亦有由矣。中间孔、郑两本，互相胜负，始以开元御注用今文，遵制者从郑。后以朱子《刊误》用古文，讲学者又转而从孔。要其文句小异，义理不殊，当以黄震之言为定论。故今之所录，惟取其词达理明，有裨来学，不复以今文、古文区分门户，徒酿水火之争。盖注经者明道之事，非分朋角胜之事也。

大　　学

金良年　译注

前　言

《大学》原是《礼记》中的一篇。“记”是古代门徒弟子记载宗师述论的一种著作体裁，颇近于后世的课堂笔记，后来，把学者阐发本学派理论的著述也称为“记”。所谓“礼记”，就是孔门后学论述《礼经》的论著。西汉时的经学家戴德、戴圣曾先后对这些文章进行过整理，分别编有《大戴礼记》八十五篇、《小戴礼记》四十九篇。《大学》就出于其中的《小戴礼记》，东汉郑玄的《礼记目录》将其归入“通论”类。因为该篇的开头有“大学”二字，所以用作篇名。这种题篇名的方法是春秋战国时代的惯例，因此，一般认为它撰成于秦统一之前。

关于“大学”这个词的含义，前人大致有两种说法：一说它是“博学”之意(郑玄《目录》)，认为这个“大”字犹如《易》“大有众”、“大有庆”之“大”；一说它是相对于小学而言的“大人之学”，朱熹说：“人生八岁，则自王公以下，至于庶人之子弟皆入小学，而教之以洒扫应对进退之节，礼乐射御书数之文；及其十有五年，则自天子之元子、众子，以至公卿、大夫、元士之適子，与民之俊秀，皆入大学，而教之以穷理正心、修己治人之道”(《大学章句序》)。一般认为，“古无大学、小学对言之名，亦无公宫聚读之法”(任铭善《礼记目录后案》)，朱熹之说不恰，所以学界大多取前一说。

对《大学》的推崇，大致是从宋代开始的，据现存的书目记载，宋以前没有单独疏释《大学》的著作。当时的新儒家(理学)认为，这是孔门“初学入德之门”的著作，“于今可见古人为学次第者，独赖此篇之存，而《论》、《孟》次之。学者必由此而学焉，则庶乎其不差矣”(朱熹《章句》)。同时认为，收在《礼记》中的本子有错乱，遂将其重新析分编排为经一章、传十章，认为经是“孔子之言而曾子述之”；传是“曾子之意而门人记之”，并补写了他们认为“佚失”的第五章。当时及后来试图重新编写《大学》的不止程朱一家，据清代毛奇龄在《大学证文》中所列，有近十家之多，而且都自称是恢复了《大学》“真古本”的面目。《四库提要》认为，这些改易“譬如增减古方以治今病，不可谓无裨于医疗，而亦不可谓即扁鹊、仓公之旧剂也”；只要“纲目分明，使学者易于致力”，“章句不易，使古经不至失真，各明一义，固可以并行不悖耳”(卷三十六)，是比较中肯的。

金良年

大学之道[1]，在明明德[2]，在亲民[3]，在止于至善。知止而后有定，定而后能静，静而后能安，安而后能虑，虑而后能得。物有本末，事有终始，知所先后，则近道矣。古之欲明明德于天下者，先治其国；欲治其国者，先齐其家；欲齐其家者，先修其身；欲修其身者，先正其心；欲正其心者，先诚其意；欲诚其意者，先致其知[4]；致知在格物[5]。物格而后知至，知至而后意诚，意诚而后心正，心正而后身修，身修而后家齐，家齐而后国治，国治而后天下平。自天子以至于庶人，壹是皆以修身为本。其本乱而末治者否矣[6]。其所厚者薄，而其所薄者厚，未之有也！

【注释】① 大学：大人之学。 ② 明德：指人生之初所秉赋于天的至善之德，亦即所谓"人之初，性本善"的善性。 ③ 亲民：亲当作新。言既自明其德，而使人用此道以自新。 ④ 致其知：致，推极；知，识见。推极所知，使识见包涵广泛。 ⑤ 格物：格，探究。谓研究事物，探寻其本原。⑥ 本乱而末治者：修身为本，而家、国、天下为末。

【译文】大学的宗旨，在于彰明内心的光明之德，在于使民众自新，在于达到至善的境界而不动摇。知道了该达到的境界才能确定志向，志向确定了才能心意宁静，心意宁静才能随处而安，随处而安才能虑事周详，虑事周详才能达到至善。每样东西都有本末，每件事情都有始终，知道了本末始终的先后次序，便接近宗旨了。古时候要把彰明内心的光明之德推及天下的人，先治理自己的国家；要治理自己的国家，先整顿自己的家族；要整顿自己的家族，先修饬自身；要修饬自身，先端正内心；要端正内心，先使意念真诚；要使意念真诚，先提高识见；提高识见的途径是探究事物的原理。探究了事理的原理才能使识见提高，识见提高了才能使意念真诚，意念真诚了才能使内心端正，内心端正了才能使自身修饬，自身修饬了才能使家族整顿，家族整顿了才能使国家治理，国家治理了才能使天下安定。从天子直到平民，所有人都应该把修饬自身作为根本。若这个根本被扰乱了，家族、国家、天下要治理好是不可能的。化力气的地方不见成效，而不化力气的地方反而有成效，这样的事是没有的。

【段意】《大学》本是汉人所编《礼记》中的一篇，属“通论”类。全篇讲述了如何通过修身明德达到治国平天下的道理，其篇名按当时通行的命篇方式取篇首的“大学”二字为题。宋代的理学家援引汉代的学制对“大学”的涵义作了新的解释，认为所谓的“大学”，是相对于“小学”而言的君子达道从政之学。这样，理学家们就把经过重新整理、解释的《大学》，作为了理学的基本经典。此章是开篇的第一章，按理学家的意见，此章属经，是曾子所述的孔子之言。它作为全篇的纲领，揭示了研修大学的三个要点，即明德、新民、止于至善；并提出了达到这一目的的八个步骤，即格物、致知、诚意、正心、修身、齐家、治国、平天下。

《康诰》①曰：“克明德。”②《大甲》曰：“顾禔天之明命。”③《帝典》曰：“克明峻德。”④皆自明也。

【注释】①《康诰》:《周书》。② 克:能。　③ 大:读作泰。禔:古是字。④ 峻:《尚书》作俊。峻,大。

【译文】《康诰》说:“能彰明德行。”《太甲》说:“念念不忘上天赋予的德性。”《尧典》说:“能够彰明崇高的德行。”都是自己彰明内心的光明之德。

【段意】按理学家的意见,从此章以下的十章都是传,是曾子对上一章“经”的发挥。此章主要阐述彰明德行的道理。文中所引的《康诰》《太甲》《尧典》,都是儒家所传五帝、三代的典籍,以此证明这一道理的渊源久远、传承有绪。

汤之《盘铭》曰:“苟日新,日日新,又日新。”①《康诰》曰:“作新民。”《诗》曰:“周虽旧邦,其命惟新。”②是故君子无所不用其极。

【注释】① 盘:沐浴之盘。铭,盘上的铭文。② 引自《诗·大雅·文王》之篇。

【译文】商汤水盘上的箴铭说:“如能一日自新,就能日日自新,每日自新。”《康诰》说:“激励民众自新。”《诗》说:“姬周虽旧国,天命乃新受。”所以,君子在任何方面都尽可能自新。

【段意】此章解释新民。所谓“新”,就是不断去除邪恶,以更新思想使之合乎大道的意思。

《诗》云:“邦畿千里,惟民所止。”①《诗》云:“缗蛮黄鸟,止于丘隅。”②子曰:“于止,知其所止,可以人而不如鸟乎!”《诗》云:“穆穆文王,於缉熙敬止!”③为人君,止于仁;为人臣,止于敬;为人子,止于孝;为人父,止于慈;与国人交,止于信。《诗》云:“瞻彼淇澳,菉竹猗猗。有斐君子,如切如磋，如琢如磨。瑟兮僩兮，赫兮喧兮。有斐君子，终不可諠兮！”④如切如磋者，道学也。如琢如磨者，自修也。瑟兮僩兮者，恂栗也。赫兮喧兮者，威仪也。有斐君子，终不可諠兮者，道盛德至善，民之不能忘也。《诗》云：“於戏，前王不忘！”⑤君子贤其贤而亲其亲，小人乐其乐而利其利，此以没世不忘也。

【注释】① 引自《诗·商颂·玄鸟》之篇。 ② 引自《诗·小雅·绵蛮》之篇。缗，通绵。缗蛮，鸟声。 ③ 引自《诗·文王》之篇。於缉之於，音乌。穆穆，深远之意。於，叹美辞。缉熙，光明。敬止，言其无不敬而安所止。 ④ 引自《诗·卫风·淇澳》之篇。 ⑤ 乐，音洛。引自《诗·周颂·烈文》之篇。於戏，音呜呼，叹辞。

【译文】《诗》说：“天子辖千里，民众居于此。”《诗》说：“鸣叫的黄鸟，停留在山麓。”孔子说：“鸟止息时，知道该停留的地方，难道人反而不如鸟吗？”《诗》说：“德行深厚的文王啊！光明磊落，安于所处，无所不敬。”当国君的，要达到仁的境界；当臣子的，要达到敬的境界；当子女的，要达到孝的境界；当父母的，要达到慈的境界；与国人交往，要达到信的境界。《诗》说：“看那淇水弯曲的岸边，绿竹葱葱郁郁。有位文雅君子，如切磋过的象牙，像琢磨过的美玉。庄严而又刚毅，显赫而又坦荡。有位文雅君子啊，真是教人难忘。”如切磋过的象牙，指学问的研治；像琢磨过的美玉，指修养的功夫；庄严而又刚毅，指谨慎的态度；显赫而又坦荡，指威严的仪表；文雅君子使人难忘，指盛大的德行尽善尽美，民众不能忘怀。《诗》说：“啊！先王使人难忘。”君子推崇其遵行的贤德而继承他的业绩，小人享受其开创的安乐而得到他的恩泽，因此他们去世之后仍难以使人忘怀。

【段意】此章解释止于至善。所谓“至善”，就是尽善尽美的意思。从文中的叙述来看，不同身份的“至善”是不一样的：“当国君的，要达到仁的境界；当臣子的，要达到敬的境界；当子女的，要达到孝的境界；当父母的，要达到慈的境界；与国人交往，要达到信的境界。”如果做到了“至善”，即使“去世之后仍难使人忘怀”。

子曰：“听讼，吾犹人也，必也使无讼乎！”[①]无情者不得尽其辞。大畏民志，此谓知本。

【注释】① 这段话引自《论语·颜渊》。

【译文】孔子说：“审理案件，我和别人一样，一定要使纠纷不发生。”要使没有实情的人不敢花言巧语，德行彰显到使民众从内心畏服，这就叫做知道了本原。

【段意】此章是解释本末，所引孔子的话见于《论语·颜渊》篇。作者的意思是说，用德行来教化民众是“本”，其他的行政手段是“末”。

此谓知本。此谓知之至也。

【译文】这就叫做事物的原理被探究，就叫做辨别能力达到了顶点。

【段意】此章的原文只有“此谓知本。此谓知之至也”两句。宋代的理学家们认为，前一句是上一章的衍文，后一句之前则缺失了一段文字。按次序，此章应该是解释“格物致知”，朱熹就参考程颐的见解补了一段文字：“所谓致知在格物者，言欲致吾之知，在即物而穷其理也。盖人心之灵莫不有知，而天下之物莫不有理，惟于理有未穷，故其知有不尽也。是以《大学》始教，必使学者即凡天下之物，莫不因其已知之理而益穷之，以求至乎其极。至于用力之久，而一旦豁然贯通焉，则众物之表里精粗无不到，而吾心之全体大用无不明矣。此谓物格，此谓知之至也。”提高识见的途径是探究事物的原理，是指要想提高自己的识见就应该接触事物而穷究它的原理。人心是那样的灵巧，无不具有辨识能力，而天下的事物无不具有原理，仅因为没有去穷究它，所以辨识能力没能全部发挥出来。所以，大学首先传授的，就是必须使学习者接触天下的事物，对每事每物都根据已知的原理而进一步穷究，以求达到最高深的境界。等到功力用得久了，一旦豁然贯通，那么各种事物的里外巨细都能了解，自身的心智全部得以发挥而没有蔽塞。对于理学家的这一做法，历来就有不同的看法，至少擅自补写“传”就不合解“经”的常例。但关键并不在此，理学家借此提出了一个很重要的理论观点，即所谓“即物而穷其理(接触事物而穷究它的原理)”，并将它作为全篇理论发挥的基点。而后来学者亦通过对它的不同见解来表达自己的认识论、方法论的观点，于是“格物致知”成了宋元明清哲学思想中的一个重要范畴，而对于这个范畴的不同解释也就成为中国古代哲学的一项重要内容。其实，从《大学》本身的文义来考察，所谓的“格物”不过是衡量事物的本末先后的意思。

所谓诚其意者，毋自欺也。如恶恶臭，如好好色，此之谓自谦。故君子必慎其独也①！小人闲居为不善，无所不至，见君子而后厌然②，掩其不善，而著其善。人之视己，如见其肺肝然，则何益矣。此谓诚于中，形于外，故君子必慎其独也。曾子曰：“十目所视，十手所指，其严乎！”富润屋，德润身，心广体胖③，故君子必诚其意。

【注释】①“如恶”至“自谦”：谦，读为慊，快，足。毋，禁止之辞。言欲自修者知为善以去其恶，则当实用其力，而禁止其自欺。使其恶恶则如恶恶臭，好善则如好好色，皆务决去，而求必得之，以自快足于己，不可徒苟且以徇外而为人。然其实与不实，盖有他人所不及知而己独知之者，故必谨之于此以审其几焉。 ② 厌然：消沮闭藏之貌。 ③ 胖：音 pán，安舒。

【译文】使意念真诚，是指不要自欺。如同厌恶臭味，如同喜好女色，这就叫做自我满足，所以君子必定谨慎自己的独处。小人在独自一人时做不好的事情，无所不为，遇见君子就躲躲藏藏，把坏处掩盖起来而标榜自己的好处。可是在他人看来，却如同见到他肝肺那样清楚，那么，这样做有什么益处呢！这是说，内心的真实意念会显露在外表，所以君子必定谨慎自己的独处。曾子说："好多眼睛看着，好多手指着，这是多么严厉啊！"有钱能装饰房屋，有德能增饰自身，心胸宽广则体魄舒泰，所以君子必定要使自己的意念真诚。

【段意】此章是解释诚意。要做到诚意、不自欺，难在"慎独（谨慎自己的独处）"。朱熹说："此章之指，必承上章而通考之，然后有以见其用力之始终，其序不可乱而功不可阙（缺少）"，这乃是真诚身心的根本，"在初学者尤为当务之急，读者不可以其近（浅近）而忽（忽视）之也。"（《章句》）

所谓修身在正其心者：身有所忿懥①，则不得其正；有所恐惧，则不得其正；有所好乐，则不得其正；有所忧患，则不得其正。心不在焉，视而不见，听而不闻，食而不知其味。此谓修身在正其心。

【注释】① 懥，音 zhì，怒。

【译文】修饬自身的途径是端正内心，是指自身有所愤恨，内心就不能端正；有所恐惧，内心就不能端正；有所喜乐，内心就不能端正；有所忧虑，内心就不能端正。心不在焉，就会视而不见，听而不闻，吃东西不知道滋味。这是说，修饬自身的途径是端正内心。

【段意】此章释正心修身。其意思是说，要使内心端正，必须摒弃愤恨、恐惧、喜乐、忧虑之类情欲。朱熹说："盖四者皆心之用而人所不能无

者，然一有之而不能察(审察)，则欲动情胜，而其用之所行(把它们用到行动上)，或不能不失其正也。”(《章句》)

所谓齐其家在修其身者：人之其所亲爱而辟焉①，之其所贱恶而辟焉，之其所畏敬而辟焉，之其所哀矜而辟焉，之其所敖惰而辟焉。故好而知其恶，恶而知其美者，天下鲜矣！故谚有之曰：“人莫知其子之恶，莫知其苗之硕。”此谓身不修不可以齐其家。

【注释】① 辟：读为僻，犹偏。

【译文】整顿家族的途径是修饬自身，是指人们对于自己所亲爱的人会有所偏颇，对于自己所厌恶的人会有所偏颇，对于自己所敬畏的人会有所偏颇，对于自己所怜悯的人会有所偏颇，对于自己所轻视的人会有所偏颇。所以，喜爱一个人而能知道他的缺点，厌恶一个人而能知道他的优点，世间少有。因此有句俗话说：“人都不知道自己孩子的缺点，不知道自己禾苗的肥壮。”这是说，自身不修饬就不能整顿自己的家族。

【段意】此章释修身齐家。其要点是不能有所偏袒。在大学从格物到平天下的八个步骤中，这是由内转向外的关键一环。在此以前，修饬的中心主要是自身，从这一点开始，修饬的重点转为处理人与人之间的关系。其次序仍然是逐步外推的：首先是与自身密切相关的家族，然后才是国家、天下。

所谓治国必先齐其家者，其家不可教而能教人者，无之。故君子不出家而成教于国：孝者，所以事君也；弟者，所以事长也；慈者，所以使众也。《康诰》曰“如保赤子”，心诚求之[①],虽不中,不远矣。未有学养子而后嫁者也!一家仁,一国兴仁;一家让,一国兴让;一人贪戾,一国作乱;其机如此。此谓一言偾事[②],一人定国。尧、舜帅天下以仁,而民从之;桀、纣帅天下以暴,而民从之;其所令反其所好,而民不从。是故君子有诸己而后求诸人,无诸己而后非诸人。所藏乎身不恕,而能喻诸人者,未之有也。故治国在齐其家。《诗》云:"桃之夭夭,其叶蓁蓁;之子于归,宜其家人。"[③]宜其家人,而后可以教国人。《诗》云:"宜兄宜弟。"[④]宜兄宜弟,而后可以教国人。《诗》云:"其仪不忒,正是四国。"[⑤]其为父子兄弟足法,而后民法之也。此谓治国在齐其家。

【注释】① 心诚求之:言爱此赤子,内心精诚求赤子之嗜欲。② 偾:音fèn,覆败。　③ 引自《诗·周南·桃夭》之篇。夭夭,少好貌。蓁蓁,美盛貌。　④ 引自《诗·小雅·蓼萧》之篇。　⑤ 引自《诗·曹风·鸤鸠》之篇。

【译文】治理国家必须先整顿自己的家族,是指自己的家人都不能管教却能管教他人,是没有的事。所以君子不超出家族的范围而能在国中成就教化。孝,是用来侍奉君主的;悌,是用来侍奉尊长的;慈,是用来遣使民众的。《康诰》说:"如同爱护婴儿那样。"内心真诚地去追求,即使不能做到也相差不远了。没有学会了养育孩子之后才出嫁的。君主的家族仁爱,整个国家就盛行仁爱;君主的家族礼让,整个国家就盛行礼让;君主一个人贪暴,整个国家就发生动乱:事情的关键就是这样。这是说,君主一句话就能败坏事情,一个人就能安定国家。尧、舜用仁爱来统御天下,民众随之仁爱;桀、纣用贪暴来统御天下,民众随之贪暴。如果他们的命令违背了自己所倡导的东西，民众就不听从了。因此，君子自己具备的，才能去要求他人；自己不沾染的，才能禁止他人。自己的内心不以仁爱待人，却能教育好他人，是从来没有的。所以，治理国家的途径是整顿自己的家族。《诗》说："桃树如此娇美，枝叶多么茂盛。这位女子出嫁，定会和睦家人。"自己的家人和睦了，才能教育国人。《诗》说："兄弟相和睦。"兄弟之间和睦了，才能教育国人。《诗》说："威仪没有差错，端正四方各国。"自身作为父子、兄弟时足以被效法，民众才会效法他。这是说，治理国家的途径是整顿自己的家族。

【段意】此章释齐家治国。所谓"治理国家的途径是整顿自己的家族"，就是把处理家族关系的准则扩大到国家。我国古代的国家，是建立在家族宗法制度的基础之上的，国家几乎就是家族的扩大。因此，这一外推是很自然和恰当的。从另外的角度来看，其中也包含着以身作则的意思在内。朱熹说："孝、弟(悌)、慈，所以修身而教于家者也，然而国之所以事(事奉)君事长使众(使役众人)之道不外乎此。此所以家齐于上而教(教化)成于下也。"(《章句》)

所谓平天下在治其国者：上老老而民兴孝，上长长而民兴弟，上恤孤而民不倍，是以君子有絜矩之道也①。所恶于上，毋以使下；所恶于下，毋以事上；所恶于前，毋以先后；所恶于后，毋以从前；所恶于右，毋以交于左；所恶于左，毋以交于右：此之谓絜矩之道。《诗》云："乐只君子，民之父母。"②民之所好好之，民之所恶恶之，此之谓民之父母。《诗》云："节彼南山，维石岩岩。赫赫师尹，民具尔瞻。"③有国者不可以不慎，辟则为天下僇矣。《诗》云："殷之未丧师，克配上帝。仪监于殷，峻命不易。"[4]道得众则得国，失众则失国。是故君子先慎乎德。有德此有人，有人此有土，有土此有财，有财此有用。德者，本也；财者，末也。外本内末，争民施夺。是故财聚则民散，财散则民聚。是故言悖而出者，亦悖而入；货悖而入者，亦悖而出。《康诰》曰："惟命不于常！"道善则得之，不善则失之矣。楚书曰："楚国无以为宝，惟善以为宝。"[5]舅犯曰："亡人无以为宝，仁亲以为宝。"[6]《秦誓》曰："若有一个臣，断断兮无他技，其心休休焉，其如有容焉。人之有技，若己有之，人之彦圣，其心好之，不啻若自其口出，实能容之，以能保我子孙黎民，尚亦有利哉。人之有技，媢疾以恶之，人之彦圣，而违之俾不通，实不能容，以不能保我子孙黎民，亦曰殆哉。"[7]唯仁人放流之，迸诸四夷，不与同中国。此谓唯仁人为能爱人，能恶人。见贤而不能举，举而不能先，命也；[8]见不善而不能退，退而不能远，过也。好人之所恶，恶人之所好，是谓拂人之性，菑必逮夫身。[9]是故君子有大道，必忠信以得之，骄泰以失之。[10]生财有大道，生之者众，食之者寡，为之者疾，用之者舒，则财恒足矣。仁者以财发身，不仁者以身发财。未有上好仁而下不好义者也，未有好义其事不终者也，未有府库财非其财者也。孟献子[11]曰："畜马乘，不察于鸡豚；伐冰之家[12]，不畜牛羊；百乘之家[13]，不畜聚敛之臣。与其有聚敛之臣，宁有盗臣。"此谓国不以利为利，以义为利也。

长国家而务财用者，必自小人矣。彼为善之，小人之使为国家，灾害并至。虽有善者，亦无如之何矣！此谓国不以利为利，以义为利也。

【注释】① 絜矩：絜，度。矩，量方的工具。 ② 引自《诗·小雅·南山有台》之篇。只，语助词。言能絜矩而以民心为己心，则是爱民如子，而民爱之如父母。 ③ 引自《诗·小雅·节南山》之篇。节，截然高大貌。师尹，周太师尹氏。具，俱。辟，偏。言在上者人所瞻仰，不可不谨。若不能絜矩而好恶徇于一己之偏，则身弑国亡，为天下之大戮。 ④ 引自《诗·大雅·文王》之篇。师，众。配，对。配上帝，言其为天下君，而对乎上帝。监，视。峻，大。 ⑤ 楚书：指《国语》中的《楚语》。 ⑥ 舅犯：晋臣，曾随晋公子重耳流亡在外十九年。 ⑦ 秦誓：《尚书》篇。断断，诚一之貌。尚，庶几。媢，忌，音 mào。 ⑧ 命：当作慢。 ⑨ 菑：古灾字。 ⑩ “是故君子”句：君子，以位言之。道，谓居其位而修己治人之术。发己自尽为忠，循物无违谓信。骄者矜高，泰者侈肆。此因上所引《文王》、《康诰》之意而言。 ⑪ 孟献子：鲁国大夫仲孙蔑。 ⑫ 伐冰之家：卿大夫以上，丧祭时以冰防腐。 ⑬ 百乘之家：谓有采地者。

【译文】安定天下的途径是治理自己的国家，是指在位者敬礼老人，民众就会盛行孝；在位者尊重长者，民众就会盛行悌；在位者怜恤孤幼，民众就不会遗弃孤幼。因此，君子要有絜矩之道。所厌恶于在上者的行为，不用来对待在下者；所厌恶于在下者的行为，不用来对待在上者；所厌恶于在前者的行为不用来对待在后者；所厌恶于在后者的行为，不用来对待在前者；所厌恶于在右者的行为，不用来对待在左者；所厌恶于在左者的行为，不用来对待在右者，这就叫做絜矩之道。《诗》说：“喜悦的君子，民众的父母。”喜好民众所喜好的，厌恶民众所厌恶的，这就叫做民众的父母。《诗》说：“巍峨的南山啊，岩石簇立；显赫的太师啊，民众瞩目。”执掌政权者不可以不谨慎，有所偏颇就会被天下所离弃。《诗》说:“尚未丧失民心的殷商,还能得到上天的保佑。应该以它的灭亡为鉴戒,天命不容易长久保有。”这是说,得到民众就能得到国家,失去民众就会失去国家。因此君子首先要在德行上谨慎。有了德行这就有了民众,有了民众这就有了土地,有了土地这就有了财富,有了财富这就有了国家的用度。德行是本,财富是末。重本轻末,就会争夺民众的财富,因此,聚敛财货民众就离散,散施财富民众就归聚。所以,说出违背情理的话,也会听进违背情理的话;不正当得来的财富,也会不正当的失去。《康诰》说:“天命是不常在的。”是说有好的德行就能得到它,没有好的德行就会失去它。《楚语》说:“楚国没有什么作为珍宝,只把好的德行作为珍宝。”跟随晋文公出亡的舅犯说:“流亡者没有什么作为珍宝,把亲属仁爱当做珍宝。”《秦誓》说:“有位耿介的臣子,诚实专一而没有其他技能,他心地宽广,这样就有所包容。他人具有技能,就好像自己具有的一样;他人俊美聪明,就由衷地感到喜好,无异于自己口中说出来。这种人能包容他人,因而可以守护我的子孙和民众,也有利于国家。他人具有技能,感到嫉妒憎恶;他人俊美聪明,就从中作梗使之不能进用。这种人不能包容他人,因而无法守护我的子孙和民众,这就危险了。”仁人会放逐这种人,把他们驱赶到四夷之地,不和他们同居国中。这是说,唯有仁人才能亲近人,才能憎恶人。遇到贤才而不能选拔,选拔了而不能重用,是怠慢;遇到恶人而不能贬斥,贬斥了而不能远逐,是过错。喜好他人所厌恶的,厌恶他人所喜好的,叫做违背人的本性,灾难必定会降临到身上。因此,君子有一条大道,一定要忠信才能得到它,而骄傲放纵就会失去它。生财也有大道,生产者多,消费者少,创造快而耗用慢,财富就经常充裕了。仁者拿财富来发展自身,不仁者拿自身来发财。没有上面喜好仁而下面不喜好义的,没有喜好义而任事不尽忠到底的,国库中的财富就不会不成其为财富了。孟献子说:“士一做了大夫,出行有车马,就不去管喂鸡养猪的小事;丧祭用冰的卿大夫之家,不需要畜养牛羊;有采地的百乘之家,不应该有聚敛财富的臣属。与其有聚敛百姓财富的臣属,还不如有盗窃主人财富的臣属。”这是说,治理国家不以财为利,而要以义为利。

拥有一国一家而专门注重财利的,必定出自小人的诱导。他们想要为善,但听从了小人的主张来治理国政、家政,灾难和祸害将一齐降临。即使有善人,对此也无可奈何了。这是说,治理国家不以财为利,而要以义为利。

【段意】此章释治国平天下。其要点在于在上者要能以身作则、“己所不欲,勿施于人”,与民众同忧共乐、利害相通,“能如是,则亲(亲属)贤(贤人)乐利各得其所,而天下平矣。”(《章句》)

中　　庸

金良年　译注

前　言

《中庸》原是《小戴礼记》中的一篇，汉代学者一般公认它出于孔子之孙子思(前 483—前 402)之手。孔子去世后，儒家分为八派，“子思之儒”就是其中之一(《韩非子·显学》)。宋代理学家出于确立道统的需要，把“子思之儒”归于曾子的传统，郭沫若则认为它与八家中的“子游氏之儒”是同一系列(《十批判书·儒家八派的批判》)。但不管怎么说，根据《荀子·非十二子》的评述，子思学派是战国儒家中的一个重要派别是可以肯定的。子思的其他著作，据《汉书·艺文志》的记载，还有《子思》二十三篇，惜今已亡佚。近年来在马王堆汉墓中出土的帛书《老子》甲本后抄录有四种古佚书，其中的《德行》被考定为属于子思学派的著作。

《中庸》一篇大致成书于战国晚期，“虽然不一定是子思一人的著作，但其思想则可作为思孟学派的代表作来处理”(侯外庐等《中国思想通史》第一卷，378 页)。收入《礼记》的文本可能经过秦初学者的修改而写定于秦统一全国后不久，所以它的名篇方式不同于《大学》，不是取正文开头的二字为题，而是撮举文章的内容核心。郑玄的《礼记目录》将此篇归入“通论”类。正因为《中庸》在儒学思想史上具有特殊地位，所以早在西汉时代就有单独疏释它的著作，此后一直相沿不绝，宋代理学家将它编入《四书》，更在它的研究史上开创了一个新的阶段。

金良年

天命之谓性，率性之谓道，修道之谓教①。道也者，不可须臾离也，可离非道也。是故君子戒慎乎其所不睹，恐惧乎其所不闻。莫见乎隐②，莫显乎微，故君子慎其独也。喜怒哀乐之未发，谓之中；发而皆中节，谓之和。中也者，天下之大本也；和也者，天下之达道也。致中和，天地位焉，万物育焉③。

【注释】①“天命”三句：命，犹令。性，即理。率，循。道，犹路。修，品节之。朱熹曰：“天以阴阳五行化生万物，气以成形，而理亦赋焉，犹命令也。于是人物之生，因各得其所赋之理，以为健顺五常之德，所谓性也。人物各循其性之自然，则其日用事物之间，莫不各有当行之路，是则所谓道也。性道虽同，而气禀或异，故不能无过不及之差，圣人因人物之所当行者而品节之，以为法于天下，则谓之教，若礼、乐、刑、政之属是也。盖人之所以为人，道之所以为道，圣人之所以为教，原其所自，无一不本于天而备于我。学者知之，则其于学，知所用力而自不能已矣。故子思于此首发明之，读者所宜深体而默识也。” ② 见：音义同现。③ 致：推而极之。位：安其所。育：遂其生。

【译文】上天赋予人的叫做性，依顺本性行事叫做道，修饬道行叫做教。道，是不可片刻离弃的，可以离弃就不是道了。所以，君子在人们看不见的场合谨慎戒备，在人们不知道的场合担心害怕。暗处什么都会表露，细节什么都会显示，所以君子谨慎自己的独处。喜怒哀乐尚未表现出来叫做中，表现出来而都符合规范叫做和。中是天下的基本原则，和是天下的普遍规律。达到了中和，天地秩序井然，万物生长繁育。

【段意】《中庸》相传是孔子的孙子子思所作，“以昭明圣祖（指孔子）之德也”（陆德明《经典释文》）。宋代的理学家认为这是“孔门传授心法”的重要文字，“善读者玩索（玩味推究）而有得焉，则终身用之，有不能尽（穷尽）者矣”（朱熹《章句》引程颐语），经宋儒的宣扬，中庸的思想不仅为学者所接受，而且还渗透到一般人的社会心理之中。此章从道不可片刻离弃入手，把中庸提高到根本准则的高度来加以肯定，然后引伸出修饬自身的必要性。“盖欲学者于此反求诸身（反过来要求自身）而自得之，以去（去除）夫外诱（诱惑）之私，而充其本然（本身所具有）之善”（朱熹《章句》）。因此，这一章可视为全书的总纲。以下的十章，都是引用孔子的话从各个方面来阐述本章的大义。

仲尼曰：“君子中庸，小人反中庸①。君子之中庸也，君子而时中；小人之中庸也②，小人而无忌惮也。”

【注释】① 中庸：不偏不倚、无过不及。 ② 当作“小人之反中庸也”，脱一“反”字。

【译文】孔子说：“君子中庸，小人违背中庸。君子之所以中庸，是因为身为君子而随时遵循中；小人之所以违背中庸，是因为身为小人而没有顾忌畏惧。”

【段意】君子、小人是儒家道德评判的一对互相对立的范畴，中庸既是君子的“至德”，小人显然是不可能具备的。

子曰："中庸其至矣乎！民鲜能久矣！"①

【注释】①《论语·雍也》作："子曰：中庸之为德也，其至矣乎，民鲜久矣。"

【译文】孔子说："中庸大概是最高的德行了，民众缺乏它很久了。"

【段意】这段话亦见于《论语·雍也》。孔子称颂中庸这种德行的高尚，同时感叹当时社会中缺乏这种德行，以见提倡它的急迫性。

子曰："道之不行也，我知之矣，知者过之①，愚者不及也；道之不明也，我知之矣，贤者过之，不肖者不及也。人莫不饮食也，鲜能知味也。"

【注释】① 知者之知，同智。

【译文】孔子说："道不能奉行，我知道原因了，聪明者过了头，愚蠢者达不到它；道不能彰明，我知道原因了，贤德者过了头，不肖者达不到。人没有不吃饭的，但很少能品尝出滋味。"

【段意】所谓"中"，就是既不过头，也不达不到，用现代哲学术语来说，就是保持质的规定性。从这个意义上说，儒家主张"中"，提出"过犹不及"的论断，有其可取的一面。孔子认为，道是不可须臾而离的，小到日常起居，大到治国平天下，无不贯穿着大道，只是施行有自觉、不自觉之分而已。不自觉者可以做对一些事，但多数情况下不是过头就是不及，所以，孔子认为，必须提高行道的自觉性。

子曰："道其不行矣夫！"

【译文】孔子说："道大概不能被奉行了吧！"

【段意】此章的涵义与上两章基本相同，《论语·述而》篇不复梦见周公章所说的也是这个意思。

子曰:“舜其大知也与①!舜好问而好察迩言,隐恶而扬善,执其两端,用其中于民,其斯以为舜乎!”

【注释】① 知:智。与:语气词。

【译文】孔子说:“舜大概是最明智的人了。他喜好询问而且善于明察浅近的话,隐恶扬善,把握住两个极端,取其折中施行于民众,这是所以成为舜的原因吧!”

【段意】此章是说,舜之所以明智、伟大是因为他能够实行中庸之道。

子曰:“人皆曰‘予知’,驱而纳诸罟擭陷阱之中①,而莫之知辟也②。人皆曰‘予知’,择乎中庸而不能期月守也。”③

【注释】① 罟:音 gǔ。擭:音 huò。 ② 辟:同避。 ③ 期:音 jī。期月,满一月。

【译文】孔子说:“人们都说自己聪明,被利欲驱赶到罗网、机关、陷阱之中却不知道躲避;人们都说自己聪明,寻求到了中庸却连个把月都不能坚持。”

【段意】此章把实行中庸之道与“知”的德行联系起来,并指出,不能坚持中庸之道就算不上“知”。

子曰:“回之为人也①,择乎中庸,得一善,则拳拳服膺而弗失之矣。”②

【注释】① 回:孔子弟子颜渊名。 ② 拳拳服膺:拳拳,奉持之貌。服,犹著。膺,胸。

【译文】孔子说："颜回这个人，寻求到了中庸，有一点进步就牢牢地把握在心间而不失掉它。"

【段意】此章承上一章的意思，赞扬颜回能坚守中庸之德。这一章与上两章的目的，都是说明坚持中庸之道一定会有所成就。

子曰："天下国家可均也[①]，爵禄可辞也，白刃可蹈也，中庸不可能也。"

【注释】① 均：平治。

【译文】孔子说："天下国家可以治理，官爵利禄可以推辞，刀锋枪刃可以承受，中庸则不容易做到。"

【段意】此章以对比的方式说明，实行中庸之德似易而难。

子路问强[①]。子曰："南方之强与？北方之强与？抑而强与[②]？宽柔以教，不报无道，南方之强也，君子居之。衽金革，死而不厌，北方之强也，而强者居之[③]。故君子和而不流，强哉矫！中立而不倚，强哉矫！国有道，不变塞焉，强哉矫！国无道，至死不变，强哉矫！"[④]

【注释】① 子路：孔子弟子仲由。子路好勇，故问强。 ② 与：语气词。而：汝，你。 ③ 衽：席。金：戈兵之属。革：甲胄之属。北方风气刚劲，故以果敢之力胜人为强。 ④ 矫：强貌。倚：偏著。塞：未达。

【译文】子路询问强，孔子说："是南方的强呢，还是北方的强？抑或是你的强？用宽弘柔和来教诲，不报复蛮横无理，这是南方的强，君子具备这种秉性。用甲胄刀剑来包裹，战死了不感到遗憾，这是北方的强，强悍者具备这种秉性。所以，君子和顺而不迁就，这才是真正的强。中立而不偏倚，这才是真正的强。

国家有道,不放弃穷困时的操守,这才是真正的强。国家无道,至死不改变志向,这才是真正的强。”

【段意】子路好勇,孔子教导他:真正的强不是表现在体魄上,而是坚持自己信念的意志力。这与《老子》所说“自胜者强”在本质上是相通的。在这里,坚持信念又是坚守中庸之道的同义语。

子曰:“素隐行怪[①],后世有述焉,吾弗为之矣。君子遵道而行,半涂而废[②],吾弗能已矣[③]。君子依乎中庸,遁世不见知而不悔,唯圣者能之。”

【注释】① 素:按《汉书》当作索,盖字之误。索隐行怪,言深求隐僻之理,而过为诡异之行。 ② 涂,同途。 ③ 已,止。

【译文】孔子说:“找寻隐僻的理由,做出怪诞的行为,后世会有所称道,我不做这样的事。君子循道而行,若半途而废,我是不能停止的。君子按照中庸行事,避世不被人知而不后悔,这只有圣人才能做到。”

【段意】明白中庸的道理与按中庸之道行事,是不完全等同的,两者之间的配合也有过与不及的问题,也需要中庸的德行。本章所说的就是这个问题。行为怪诞太过,半途而废不及,而坚守中庸,“只有圣人能做到”。

君子之道费而隐[①]。夫妇之愚,可以与知焉,及其至也,虽圣人亦有所不知焉;夫妇之不肖,可以能行焉,及其至也,虽圣人亦有所不能焉。天地之大也,人犹有所憾。故君子语大,天下莫能载焉;语小,天下莫能破焉。《诗》云:“鸢飞戾天,鱼跃于渊。”[②]言其上下察也。君子之道,造端乎夫妇,及其至也,察乎天地。

【注释】① 费而隐：费，用之广。隐，体之微。　② 引自《诗·大雅·旱麓》之篇。

【译文】君子的道，广大而又精微。匹夫匹妇这样的愚人也能知晓，但它的高深境界，即使圣人也有不知晓的；匹夫匹妇这样的不肖者也能实行，但它的高深境界，即使圣人也有做不到的。天地如此之大，人们尚且感到有所缺憾。所以，君子所说的大，整个天下都无法承载；所说的小，整个天下都不能例外。《诗·大雅·旱麓》说："鹰在高空翱翔，鱼在深渊跃游。"是说大道昭著于天地。君子的道，从匹夫匹妇开始，但它的高深境界，则昭著于天地。

【段意】本章承全篇的首章而进一步阐发"道"既广大又精微的道理，以广大而言之，普通人都能有所知晓、有所施行；以精微而言之，君子、圣人也未必能切实通晓、完美实施。因此，大道既不是高不可及的东西，也不是能一跃而就达到的，履行大道的门始终为任何人敞开着，而要达到高深境界则是很不容易的。以下的八章，都是对这一章的引伸和发挥。

子曰："道不远人①。人之为道而远人，不可以为道。《诗》云：'伐柯伐柯，其则不远。'② 执柯以伐柯，睨而视之，犹以为远。故君子以人治人，改而止。忠恕违道不远，施诸己而不愿，亦勿施于人。君子之道四，丘未能一焉：所求乎子③，以事父，未能也；所求乎臣，以事君，未能也；所求乎弟，以事兄，未能也；所求乎朋友，先施之，未能也。庸德之行，庸言之谨，有所不足，不敢不勉，有余不敢尽。言顾行，行顾言，君子胡不慥慥尔！"

【注释】① 道不远人：意思是说，道不过是人的本性而已，人人所能知能行者，所以并不远离人。 ② 引自《诗 · 豳风 · 伐柯》之篇。 ③ 求：相当于“责”。

【译文】孔子说：“道不远离人。人所施行的道却远离了人，那就不能作为道了。《诗 · 豳风 · 伐柯》说：‘砍啊砍斧柄，式样并不远。’握着斧柄来削斧柄，一斜眼就能看到式样，尚且觉得远。所以，君子依据人来治理人，纠正了便作罢。忠、恕离道不远，施加于自身感到不愿意的事，也不要施加于他人。君子之道有四个方面，我一个方面也没能做到：用要求儿女该做到的来侍候父母，我没能做到；用要求臣仆该做到的来事奉君主，我没能做到；用要求弟弟该做到的来尊敬兄长，我没能做到；用要求朋友该做到的自己先来实行，我没能做到。平常的德行要去实践，平常的言论要谨慎，有不足之处不敢不努力，能够做到的则不敢骄傲自满。言论要顾及行为，行为要顾及言论，君子怎么会不忠厚诚实呢！”

【段意】此章发明“道不远人”的道理。孔子认为，道不能施行并不在于道本身的高深，而在于人远离了道。解决的办法是“施诸己而不愿，亦勿施于人”，凡是要求他人做到的，首先自己应该做到，这样做了，言行也就合乎中庸而无过与不及之虞了。

君子素其位而行①，不愿乎其外。素富贵，行乎富贵；素贫贱，行乎贫贱；素夷狄，行乎夷狄；素患难，行乎患难，君子无入而不自得焉。在上位不陵下，在下位不援上，正己而不求于人则无怨。上不怨天，下不尤人。故君子居易以俟命，小人行险以侥幸。子曰：“射有似乎君子，失诸正鹄，反求诸其身。”

【注释】① 素其位而行:素,相当于“现在”。言君子但因现在所居之位而为其所当为,心无旁骛。

【译文】君子依据所处的地位而行事,不越出它以外去企求。处于富贵,行为就合乎富贵身份;处于贫贱,行为就合乎贫贱身份;处于夷狄,行为就合乎夷狄身份;处于患难,行为就合乎患难身份。这样,君子无论处于什么境地都能安然自得。地位高的不欺凌地位低的,地位低的不攀附地位高的,端正自身而无求于他人就没有怨恨了。上不埋怨老天,下不责怪他人。所以,君子安然自处来顺从天命,小人铤而走险来寻求侥幸。孔子说:“射艺有点类似于君子的作为,射不中靶子,就转而检讨自身。”

【段意】本章承上章以道施行自身这一点进行阐发。端正自身的基本要求就是本章开头所说的:依据所处的地位而行事,不越出它以外去企求。

君子之道,辟如行远必自迩①,辟如登高必自卑。《诗》曰:“妻子好合,如鼓瑟琴。兄弟既翕,和乐且耽。宜尔室家,乐尔妻帑。”②子曰:“父母其顺矣乎!”

【注释】① 辟:同譬。　② 引自《诗·小雅·常棣》之篇。

【译文】君子的道,好比走远程必定从近处上路,好比登山必定从低处起步。《诗·小雅·常棣》说:“妻子儿女和睦,如若弹琴鼓瑟;再加兄弟相亲,欢乐更加融洽。你的家庭和美,你的妻小愉悦。”孔子说:“父母大概就顺心如意了吧!”

【段意】此章是说,行道要从切近的地方做起,要治理天下,首先和睦自己的家庭。这与《大学》所说“平天下”首先从“修身”、“齐家”做起是一个意思。

子曰："鬼神之为德，其盛矣乎！视之而弗见，听之而弗闻，体物而不可遗。使天下之人齐明盛服，以承祭祀。洋洋乎[①]！如在其上，如在其左右。《诗》曰：'神之格思，不可度思，矧可射思！'[②]夫微之显，诚之不可掩如此夫！"

【注释】① 洋洋：仿佛貌。 ② 引自《诗·大雅·抑》。

【译文】孔子说："鬼神的德行该是盛大的了！看它看不见，听它听不到，体现在万物之中而无法离弃。"使天下的人都穿着整齐清洁的盛装进行祭祀。无所不在啊！好像就在人们的头上，好像就在人们的身边。《诗·大雅·抑》说："神明的降临啊，不能够臆测，怎可怠慢不敬！"由细微而显著，真实的东西之无法遮掩就像这一样。

【段意】此章以神明作比喻，说明大道无所不在，"体现在万物之中而无法离弃"。

子曰："舜其大孝也与！德为圣人，尊为天子，富有四海之内，宗庙飨之，子孙保之。故大德必得其位，必得其禄，必得其名，必得其寿。故天之生物，必因其材而笃焉。故栽者培之，倾者覆之。《诗》曰：'嘉乐君子，宪宪令德。宜民宜人，受禄于天。保佑命之，自天申之。'[①]故大德者必受命。"

【注释】① 引自《诗·大雅·假乐》之篇。

【译文】孔子说："舜该是大孝的人了吧！德行上是圣人，地位上是天子，财富拥有整个天下，宗庙里祭祀他，子孙保有他的功业。"所以，大德者必定得到他的地位，必定得到他的财富，必定得到他的名声，必定得到他的年寿。因此，上天生养万物，必定根据它们的资质加以深化。所以,能成材的得到培植,不能成材的遭到淘汰。《诗》说:“赞美喜爱那君子,优异显著的德行。和睦百姓安民众,接受福禄自天庭。保佑他啊拥戴他,这是天降的命令。”所以,大德者必定会承受天命。

【段意】此章着重论述行道的结果,反复申明,只要依中庸之道行事,必定会得到应有的福祉。朱熹说:“此由庸(中庸)行之常(平常),推之以极(穷尽)其至(极点),见(显示)道之用广(广泛适用)也。而其所以然者,则为体微(精微)矣。”(《章句》)

子曰:“无忧者,其惟文王乎!以王季为父,以武王为子,父作之,子述之。武王缵大王、王季、文王之绪,壹戎衣而有天下,身不失天下之显名。尊为天子,富有四海之内,宗庙飨之,子孙保之。武王末受命,周公成文、武之德,追王大王、王季①,上祀先公以天子之礼②。斯礼也,达乎诸侯、大夫,及士、庶人。父为大夫,子为士,葬以大夫,祭以士。父为士,子为大夫,葬以士,祭以大夫。期之丧,达乎大夫③。三年之丧,达乎天子。父母之丧,无贵贱,一也。”

【注释】① 追王大王、王季:谓追尊古公为大(音泰)王,公季为王季。古公乃武王之曾祖亶父,公季即武王之祖季历。 ② 先公:太王以上周族的历代祖先。 ③ 期之丧,达乎大夫:针对为旁亲服齐衰期而言。所谓旁亲,是指伯父、叔父。据礼,为伯父(母)和叔父(母)服齐衰不杖期,即所谓“期之表,达乎大夫”。只不过因大夫位尊,故降一等而服大功。如果是天子、诸侯,就不为这样的旁亲服齐衰期之表了。至于自己的亲父母、亲祖父母等而当服齐衰期的,则自天子、诸侯至大夫,皆服之而不降等。

【译文】孔子说:“没有忧虑的人,大概只有周文王吧!王季是他的父亲,武王是他的儿子,父亲开创了基业,儿子遵循了遗志。武王继承了太王、王季、文王未竟的业绩，一战灭殷而得到了天下，自身在四海之内享有盛名，地位上是天子，财富上拥有整个天下，宗庙里祭祀他，子孙保有他的功业。武王在晚年才承受天命，周公成就了文王、武王的事业，追封太王、王季为王，用天子之礼来祭祀先公。这样的礼，通用于诸侯、大夫、士、庶人。父亲是大夫，儿子是士，父亲用大夫之礼安葬而儿子用士之礼来祭祀他；父亲是士，儿子是大夫，父亲用士之礼安葬而儿子用大夫之礼来祭祀他。服丧一年通行到大夫，服丧三年通行到天子，为父母服丧无论贵贱都一样。”

【段意】此章承上章而言，以周文王的例子来具体说明行道必得福祉的道理。下半章谈葬、祭之礼，是因为涉及这个问题而顺便进行论述，并不是全章议论的中心问题。

子曰：“武王、周公，其达孝矣乎！[①]夫孝者，善继人之志，善述人之事者也。春秋修其祖庙，陈其宗器，设其裳衣，[②]荐其时食。[③]宗庙之礼，所以序昭穆也。[④]序爵，[⑤]所以辨贵贱也；序事，[⑥]所以辨贤也。旅酬，[⑦]下为上，所以逮贱也；燕毛，[⑧]所以序齿也。[⑨]践其位，行其礼，奏其乐，敬其所尊，爱其所亲，事死如事生，事亡如事存，孝之至也。郊社之礼，[⑩]所以事上帝也，宗庙之礼，所以祀乎其先也。明乎郊社之礼、禘尝之义，[⑪]治国其如示诸掌乎！”

【注释】① 达：通。达孝，承上章而言武王、周公之孝，乃天下之人通谓之孝，犹孟子之言达尊。 ② 裳衣：指先祖遗留下的衣服，尸者穿上以受祭。 ③ 时食：四时之祭，各有其物，如春行羔、豚、膳、膏、香之类。④ 昭穆：宗庙之次，左为昭，右为穆，而子孙亦以为序。 ⑤ 爵：指公、侯、卿、大夫。 ⑥ 事:宗祝有司之职事。 ⑦ 旅酬:旅,众。酬,导饮。 ⑧ 燕毛:祭毕而宴,则以毛发之色别长幼,为坐次。燕,宴。 ⑨ 齿:年齿,年数。 ⑩ 郊社:郊祀天,社祭地。 ⑪ 禘尝:禘,天子宗庙之祭。尝,秋祭。

【译文】孔子说:“武王、周公该是天下都认为孝的人了吧!”所谓孝,就是继承好先人的遗志、完成好先人的事业。春秋季整修祖宗的祀庙,陈列祭奠的礼器,摆设先人穿过的衣服,进献应时的祭品。祭祀宗庙的礼仪,是为了区分世系;助祭按爵位排列,是为了区分贵贱;进献祭品按职事排列,是为了区分才能;祭祀结尾由晚辈向长辈敬酒,是为了使晚辈也能尽责;宴饮按须发的黑白定座次,是为了区分年岁。就先王之位,行先王之礼,奏先王之乐,敬崇先王所尊重的人,爱慕先王所亲近的人,事奉去世者如同他们活着一样,事奉亡故者如同他们健在一样,这是孝行的极点。祭祀天地之礼是用来事奉上帝的,宗庙之礼是用来祭祀祖先的。明白了祭祀天地、祖先的意义,治国大概就像观察自己手掌一样了吧!

【段意】此章承上两章进一步阐述孝行的意义。孝,可说是任何人都不可避免的德行。在此,作者说明了它的深刻涵义,以体现君子之道“费而隐”的道理。它的最起码的作为是普通人都能做到的,如果达到了它的高深境界,那么治理好整个国家亦非难事。

哀公问政①。子曰:“文、武之政,布在方策。其人存,则其政举;其人亡,则其政息②。人道敏政,地道敏树。夫政也者,蒲卢也③。故为政在人,取人以身,修身以道,修道以仁。仁者,人也,亲亲为大。义者,宜也,尊贤为大。亲亲之杀④,尊贤之等,礼所生也。在下位不获乎上,民不可得而治矣！故君子不可以不修身；思修身，不可以不事亲；思事亲，不可以不知人；思知人，不可以不知天。天下之达道五，所以行之者三。曰君臣也，父子也，夫妇也，昆弟也，朋友之交也，五者天下之达道也。知、仁、勇三者，天下之达德也。所以行之者一也。或生而知之，或学而知之，或困而知之，及其知之，一也。或安而行之，或利而行之，或勉强而行之，及其成功，一也。"子曰："好学近乎知，力行近乎仁，知耻近乎勇。"知斯三者，则知所以修身；知所以修身，则知所以治人；知所以治人，则知所以治天下国家矣。凡为天下国家有九经，曰修身也，尊贤也，亲亲也，敬大臣也，体群臣也，子庶民也，来百工也⑤，柔远人也，怀诸侯也。修身则道立，尊贤则不惑，亲亲则诸父昆弟不怨，敬大臣则不眩，体群臣则士之报礼重，子庶民则百姓劝，来百工则财用足，柔远人则四方归之，怀诸侯则天下畏之。齐明盛服，非礼不动，所以修身也；去谗远色，贱货而贵德，所以劝贤也；尊其位，重其禄，同其好恶，所以劝亲亲也；官盛任使，所以劝大臣也；忠信重禄，所以劝士也；时使薄敛，所以劝百姓也；日省月试，既禀称事⑥，所以劝百工也；送往迎来，嘉善而矜不能，所以柔远人也；继绝世，举废国，治乱持危，朝聘以时，厚往而薄来，所以怀诸侯也。凡为天下国家有九经，所以行之者一也。凡事豫则立，不豫则废。言前定则不跲⑦，事前定则不困，行前定则不疚，道前定则不穷。在下位不获乎上，民不可得而治矣；获乎上有道，不信乎朋友，不获乎上矣；信乎朋友有道，不顺乎亲，不信乎朋友矣；顺乎亲有道，反诸身不诚，不顺乎亲矣；诚身有道，不明乎善，不诚乎身矣。诚者，天之道也；诚之者，人之道也。诚者，不勉而中，不思而得，从容中道，圣人也。诚之者，择善而固执之者也。博学之，审问之，慎思之，明辨之，笃行之。有弗学，学之弗能弗措也；有弗问，问之弗知弗措也；有弗思，思之弗得弗措也；有弗辨，辨之弗明弗措也；有弗行，行之弗笃弗措也。人一能之，己百之；人十能之，己千之。果能此道矣，虽愚必明，虽柔必强。”

【注释】① 哀公：鲁国国君，名蒋。 ② 方策：方，版。策，简。谓书籍。 ③ 蒲卢：蒲苇。以其易生，故以为喻。 ④ 杀，音 shài，等差。⑤ 来，音 lài，劳来，劝勉。 ⑥ 既禀：既，通“饩”。饩禀，稍食，即禄禀。⑦ 跲：音 jiá，踬，绊倒。

【译文】鲁哀公询问政事。孔子说：“周文王、周武王的政事，都记载在典籍上。他们在世，这些政事就实施；他们亡故，这些政事就废弛。治人的途径是努力施政，治地的途径是努力种植。政事这种东西，就像是蒲苇。所以，政事的施行在于人才，选取人才取决于君王自身，修饬自身要有准则，拟订准则应依据仁。仁就是爱人，以亲近亲族最重要；义就是得体，以尊敬贤人最重要。亲近亲族的差别，尊敬贤人的等次，就是礼产生的原因。所以，君子不能不修饬自身；要想修饬自身，不能不事奉双亲；要想事奉双亲，不能不了解他人；要想了解他人，不能不知道天理。”天下共通的准则有五项，用来实施它们的德行有三种。君臣、父子、夫妇、兄弟、朋友的交往，这五项是天下共通的准则；智、仁、勇，这三项是天下共通的德行，用来实施的准则是古今不变的。有的人生来就知道，有的人学了才知道，有的人遇到困境刚刚知道，而他们所知道的东西则是一样的；有的人自觉地实施它们，有的人为了牟取利益实施它们，有的人在督促强迫下实施它们，而他们因实施而成功则是一致的。孔子说：“喜好学习接近于智，努力实行接近于仁，懂得羞耻接近于勇。知道这三条，就知道怎样修饬自身，知道怎样修饬自身，就知道怎样管理民众，知道怎样管理民众，就知道怎样整治天下和国家了。”整治天下和国家大体有九条原则，这就是修饬自身、尊崇贤人、亲近亲族、敬重大臣、体恤群臣、爱护民众、招徕匠师、优待来客、安抚诸侯。修饬自身就树立了准则，尊崇贤人就不会迷惑，亲近亲族就使伯叔兄弟没有怨恨，敬重大臣就能临事不乱，体恤群臣能使他们倾心报效，爱护民众能使百姓尽力，招徕匠师能使财用充足，优待来客能使四方归顺，安抚诸侯能使天下敬畏。穿戴整齐鲜明的盛装，不符合礼仪的事情不做，是为了修饬自身；驱除谗臣、远离女色，轻视钱财而注重德行，是为了尊崇贤人；尊之以高爵，加之以厚禄，与之爱憎相一致，是为了勉励亲族亲近；有众多的官属听任使用，是为了勉励大臣；提高忠信者的俸禄，是为了勉励士；使役有时，减轻赋税，是为了勉励百姓；定时检核，多劳多得，是为了勉励匠师；送往迎来，嘉奖友好而照顾无能者，是为了勉励来客；延续断绝的世系，恢复灭亡的国家，平定祸乱，扶持危难，按时接受朝聘，赐送的礼物丰盛而收纳的贡品菲薄，是为了勉励诸侯。整治天下和国家共有九条原则，而用来实行它们的方法是一样的。任何事情，预先有准备就成功，没有准备就失败。说话预先准备好就不会无序，做事预先准备好就不会受窘，行动预先准备好就不会失误，道路预先准备好就不会走上绝路。身为臣仆不能得到君主的信任，民众就无法得到整治。得到君主的信任有途径,不能取信于朋友就不能得到君主的信任;取信于朋友有途径,不能孝顺双亲就不能取信于朋友;孝顺双亲有途径,自身不真诚就不能孝顺双亲;使自身真诚有途径,不懂得善恶就不能使自身真诚。诚是上天的准则,做到诚是为人的准则。天生诚的人,不用努力就达到,不用思考就具备,举止行动符合中庸之道,这是圣人。做到诚的人,是选择了善行而牢牢把握住它的人。广泛地学习,详细地求教,慎密地思考,明晰地辨别,切实地实行。除非不学,学不会就不停止;除非不问,问不懂就不停止;除非不想,想不出结果就不停止;除非不分辨,分辨得不明晰就不停止;除非不实行,实行得不切实就不停止。他人用一分功夫能办到的,自己就用一百倍功夫;他人化十倍精力能办到的,自己就用一千倍精力。果真能这样做了,即使是愚昧的人也一定会聪明,即使是软弱的人也一定会刚强。

【段意】此章的要点是阐明"诚是上天的准则,做到诚是为人的准则",并由此推导出五项天下共通的准则、实施它们的三种德行、整治天下和国家的九条原则,以及做到"诚"的五个具体方面:广泛地学习、详细地求教、慎密地思考、明晰地辨别、切实地实行。这一章是全篇的枢纽,此以前的上半篇主要是讲中庸之道的普遍性和重要性;至此把中庸之道具体归结为"诚",由此展开下半篇的论述。

自诚明①,谓之性;自明诚,谓之教。诚则明矣,明则诚矣。

【注释】① 自:由。

【译文】由诚而明白道理的,叫做性;由明白道理而诚的,叫做教。诚就明白道理了,明白道理就诚了。

【段意】从此章开始,直到全篇的末章,都围绕着"诚是上天的准则,做到诚是为人的准则”进行阐述。此章进一步申明,“上天的准则”是性,“为人的准则”是教,也就是说,儒家主张的修身就是努力做到使“上天的准则”与“为人的准则”融合为一。

唯天下至诚,为能尽其性;能尽其性,则能尽人之性;能尽人之性,则能尽物之性;能尽物之性,则可以赞天地之化育①;可以赞天地之化育,则可以与天地参矣。

【注释】① 赞:助。

【译文】唯有天下至诚的人,才能完全发挥自己的性;能完全发挥自己的性,才能完全发挥他人的性;能完全发挥他人的性,才能完全发挥万物的性;能完全发挥万物的性,就可以助长天地的演化繁育;助长天地的演化繁育,就可以和天地并立为三了。

【段意】此章主要从“上天的准则”的角度来说明“诚”。

其次致曲①。曲能有诚,诚则形,形则著,著则明,明则动,动则变,变则化。唯天下至诚为能化。

【注释】① 其次致曲:其次,谓自明诚者。致,至。曲,犹小之事。

【译文】次一等的贤人致力于某一方面,致力于某一方面也能达到诚。达到了诚就会表现出来,表现出来了就会逐渐显著,逐渐显著了就会明白道理,明白道理了就会带动他人,带动他人了就会引起转变,引起转变了就会潜移默化。唯有天下至诚的人,才能使人潜移默化。

【段意】此章主要从“为人的准则”的角度来说明“诚”。

至诚之道,可以前知。国家将兴,必有祯祥①;国家将亡，必有妖孽[②]；见乎蓍龟[③]，动乎四体。祸福将至：善，必先知之；不善，必先知之。故至诚如神。

【注释】① 祯祥：吉福之兆。 ② 妖孽：祸乱之萌。 ③ 见：同现。

【译文】至诚之道能够预知未来。国家将要兴盛，必定有吉祥的预兆；国家将要败亡，必定有妖异的前征。反映在占卜的蓍草、龟甲中，体现在人们的形貌、仪态上。祸福将要来临时，好的必定能预先得知，不好的也必定能预先得知。所以，至诚就如同神明一样。

【段意】此章是说，达到了至诚的境界，就明白了世间万物的根本规律，因此“能够预知未来”“就如同神明一样”。

诚者自成也，而道自道也[①]。诚者物之终始，不诚无物。是故君子诚之为贵。诚者非自成己而已也，所以成物也。成己，仁也；成物，知也[②]。性之德也，合外内之道也，故时措之宜也。

【注释】① 道自道：后一“道”字读作导。 ② 知：智。

【译文】诚是自我的完善，道则是自我的指导。诚是事物的发端和归宿，不诚就没有事物了。因此，君子以诚为贵。诚并不是自我完善就行了，它是用来成就事物的。完善自身是仁，成就事物是智。仁和智是性的固有属性，是使事物与自身相融合的准则，所以任何时候用它都是适宜的。

【段意】诚，从宏观上来说，是事物的根本规律，无所不在、无时不离；从微观上来说，则是自我的内心完善，任何品行的树立都要以它为基干。诚既是修养的目标，但又不是它的目的，做到诚的终极目的是成就事物，使物我合一、天人合一。此章还进一步把仁和智规定为诚的“固有属性”，根据孔子的说法，“喜好学习接近于智，努力实行接近于仁”，因此，“诚”要靠学习来求得，要靠实践来保持。

故至诚无息。不息则久，久则征①，征则悠远，悠远则博厚，博厚则高明。博厚，所以载物也；高明，所以覆物也；悠久，所以成物也。博厚配地，高明配天，悠久无疆。如此者，不见而章②，不动而变，无为而成。天地之道，可一言而尽也：其为物不贰，则其生物不测。天地之道：博也，厚也，高也，明也，悠也，久也。今夫天，斯昭昭之多，及其无穷也，日月星辰系焉，万物覆焉。今夫地，一撮土之多，及其广厚，载华岳而不重，振河海而不泄，万物载焉。今夫山，一卷石之多，及其广大，草木生之，禽兽居之，宝藏兴焉。今夫水，一勺之多，及其不测，鼋鼍、蛟龙、鱼鳖生焉，货财殖焉。《诗》云："维天之命，於穆不已！"③盖曰天之所以为天也。"於乎不显，文王之德之纯！"盖曰文王之所以为文也，纯亦不已。

【注释】① 征：验于外。一说，征为"彻"之误字。彻，达。 ② 见：音现，犹示。不见而章，以配地而言。 ③ 引自《诗·周颂·维天之命》之篇。於，音 wū。

【译文】所以，至诚是没有止息的。没有止息就常存于内心，常存于内心就显露于外，显露于外就悠远，悠远就广博深厚，广博深厚就高明。广博深厚能用来承载万物，高明能用来涵盖万物，悠远能用来成就万物。广博深厚媲美于地，高明媲美于天，悠远则无边无际。达到这样的境界，不去表现就能昭著，不必动作就会改变，无所作为就有成就。天地之道，可以用一句话来概括：它本身专一不二，所以生育万物多得不可估量。天地之道，就是广博、深厚、高大、光明、悠远、长久。现在这个天,是由一小点光明积聚起来的,达到了无穷无尽的程度时,日月星辰靠它维系,世间万物由它涵盖。现在这个地,是由一小撮土积聚起来的,达到了广博深厚的程度时,承载高山峻岭而不嫌重,收容江河湖海而不觉满,世间万物由它负载。现在这个山,是由一小块石头积聚起来的,达到了广阔高大的程度时,花草树木依傍它生长,飞禽走兽凭借它居留,各种宝藏由它孕育。现在这个水,是由一小勺水液积聚起来的,达到了深远莫测的程度时,蛟龙鱼鳖由它生养,各种财富由它繁殖。《诗》说“想那天道在运行,庄严肃穆永不停”,说的是天之所以成为天;“多么显赫光明,文王品德真纯正”,说的是文王之所以称为“文”。纯粹也是没有止息的。

【段意】此章的要点是“至诚是没有止息的”。“没有止息”是指空间上的广泛性和时间上的无限性,下文所谓“广博、深厚、高大”是就空间而言,“光明、悠远、长久”是就时间而言。由此表明,“诚”既纯粹单一,但它的功用则广泛长久。章末所引的例子,就说明了做到“至诚”的效应。

大哉圣人之道!洋洋乎[①]!发育万物,峻极于天[②]。优优大哉!礼仪三百,威仪三千[③]。待其人而后行。故曰:苟不至德,至道不凝焉[④]。故君子尊德性而道问学[⑤],致广大而尽精微,极高明而道中庸,温故而知新,敦厚以崇礼。是故居上不骄,为下不倍。国有道,其言足以兴;国无道,其默足以容。《诗》曰:“既明且哲,以保其身。”[⑥]其此之谓与!

【注释】① 洋洋:充满之貌。 ② 峻:高大。 ③“优优大哉”三句:

优优，充足有余之意。礼仪，经礼。威仪，曲礼。此言道之入于至小而无间。 ④ 凝：聚，成。 ⑤ 道：由，通过。 ⑥ 引自《诗·大雅·烝民》之篇。

【译文】伟大啊，圣人的道！是那样的美盛，生发繁育了万物，崇高穷极于苍天；是那样的广泛，礼仪有三百条，威仪有三千条。这些都有待于圣人才能施行。因此，如果不是至德之人，就不能成就圣人的至道。所以，君子重视德行、天性而通过求教、学习，而使自己的知识达到广大而又穷尽精微，使自己的德性十分高明而通达中庸，温习旧知而晓新解。为人敦厚而崇尚礼仪。因此，居高位而不骄傲，处卑贱而不自弃。国家有道，他的主张足以进身；国家无道，他的沉默足以自保。《诗》说："聪慧而又明智，足以保全自身。"大概就是说的这个吧！

【段意】此章所谓的"圣人之道"是"诚"的同义语，能行"至诚之道"的是圣人，反过来说，圣人的所作所为就是"至诚之道"的体现。从讲述一般性的大道，到具体化的"诚"，再到更为具体化的"圣人之道"，是本篇的三个关节点。

子曰："愚而好自用，贱而好自专，生乎今之世，反古之道①。如此者，烖及其身者也。"②非天子，不议礼，不制度，不考文。今天下车同轨，书同文，行同伦。虽有其位，苟无其德，不敢作礼乐焉；虽有其德，苟无其位，亦不敢作礼乐焉。子曰："吾说夏礼，杞不足征也③；吾学殷礼，有宋存焉④；吾学周礼，今用之，吾从周。"

【注释】① 反：复。 ② 烖：古灾字。 ③ 杞：古国名，周初所封，其君相传为夏禹的后裔，初封时国都在雍丘（今河南杞县）。 ④ 宋：古国名，周初所封，其君为商汤的后裔，建都商丘（今河南商丘县南）。

【译文】孔子说："愚昧而喜好自以为是，卑贱而喜好自作主张，生活在现今的时世却违背自古以来的准则。像这样，灾祸就会降临到身上。"不是天子，不讨论礼仪，不制订法规，不规范文字。现今天下车轮的轨距等宽，书写的字体一律，行为的规范相同。虽然有相应的地位，如果没有相应的德行，是不敢制礼作乐的；虽然有相应的德行，没有相应的地位，也是不敢制礼作乐的。孔子说："我谈论夏礼，夏的后裔杞国不足以验证它；我学过殷礼，殷的后裔宋国还保存着它；我学过周礼，当今正在实行它，我依从周礼。"

【段意】此章承上章而言，发挥"处卑贱而不自弃"这一点。

王天下有三重焉①，其寡过矣乎！上焉者虽善无征②，无征不信，不信民弗从；下焉者虽善不尊③，不尊不信，不信民弗从。故君子之道，本诸身，征诸庶民，考诸三王而不缪，建诸天地而不悖，质诸鬼神而无疑，百世以俟圣人而不惑。质诸鬼神而无疑，知天也；百世以俟圣人而不惑，知人也。是故君子动而世为天下道，行而世为天下法，言而世为天下则。远之则有望，近之则不厌。《诗》曰："在彼无恶，在此无射。庶几夙夜，以永终誉！"④君子未有不如此而蚤有誉于天下者也。

【注释】① 三重：谓议礼、制度、考文，惟天子得以行之。 ② 上焉者：谓时王以前，如夏商之礼。 ③ 下焉者：谓圣人在下，如孔子，虽善于礼而不在尊位。 ④ 引自《诗·周颂·振鹭》之篇。

【译文】统治天下有了三种规制，错误大概比较少了吧！前代的规制，虽然好却无法验证，无法验证就不可信，不可信则民众不会依从;在野的君子,虽然好却不在尊位,不在尊位就不可信,不可信则民众不会依从。所以,君子之道应该根植于自身,验证于民众,稽考于上古三王而没有谬误,树立于天地而没有悖逆,质询于鬼神而没有疑问,留待于百世以后的圣人而没有疑惑。质询于鬼神而没有疑问,是知晓了天;留待于百世以后的圣人而没有疑惑,是知晓了人。因此,君子的举止世代成为天下的榜样,君子的行为世代成为天下的榜样,君子的言论世代成为天下的典范。远离了会萌生仰慕,接近了并不感到满足。《诗》说:"在那里没有人憎恶,在这儿没有人厌烦。几乎是从早到晚啊,声誉永在众口赞。"君子没有不这样做而早就扬名天下的。

【段意】此章承前一章而言,发挥"居高位而不骄傲"这一点。最后,确立了君子作为"圣人之道"体现者的范型地位。

仲尼祖述尧、舜①,宪章文、武②,上律天时,下袭水土。辟如天地之无不持载③,无不覆帱④,辟如四时之错行,如日月之代明。万物并育而不相害,道并行而不相悖,小德川流,大德敦化,此天地之所以为大也。

【注释】① 祖述:继承。指远宗其道。 ② 宪章:遵从。指谨守其法。 ③ 辟:同譬。 ④ 帱:音 dào,意亦覆。

【译文】孔子继承尧、舜,效法文王、武王,上遵循天时,下符合地理。犹如天地那样没有什么不承载、没有什么不涵盖,犹如四季交替运行、日月更迭辉耀。万物共同繁育而不相侵害,各行其道而不相冲突。小德川流不息,大德敦厚化育,这就是天地所以伟大的地方。

【段意】此章是说,孔子是君子中的杰出者。天地之伟大之处,也就是孔子的伟大之处。

唯天下至圣，为能聪明睿知[①]，足以有临也；宽裕温柔，足以有容也；发强刚毅，足以有执也；齐庄中正，足以有敬也；文理密察，足以有别也。溥博渊泉[②]，而时出之。溥博如天，渊泉如渊。见而民莫不敬[③]，言而民莫不信，行而民莫不说[④]。是以声名洋溢乎中国，施及蛮貊[⑤]。舟车所至，人力所通，天之所覆，地之所载，日月所照，霜露所队[⑥]，凡有血气者，莫不尊亲，故曰配天。

【注释】① 知：智。 ② 溥博：周遍而广阔。 ③ 见：现。 ④ 说：悦。 ⑤ 施：音 yì，延。 ⑥ 队：同坠。

【译文】唯有天下的至圣，才能够聪明睿智，足以居高临下；宽厚温柔，足以包容万物；刚强坚毅，足以决断一切；端庄公正，足以使人敬佩；思虑周密，足以辨别是非。弘大深沉而时时有所表现。弘大如同天，深沉如同渊，其表现民众无不敬佩，其言论民众无不信任，其行为民众无不喜爱。因此，其声名洋溢于中土，播及于远方。车船所到达之处，人力所通往之处，苍天所涵盖之处，大地所承载之处，日月所临照之处，霜露所降落之处，凡是有血气的人，无不尊崇亲近。所以说，他能与天媲美。

【段意】从此章直到结尾的三章，是全篇的结语。此章着重归纳“至圣”的德行。

唯天下至诚，为能经纶天下之大经，立天下之大本，知天地之化育。夫焉有所倚？肫肫其仁[①]！渊渊其渊[②]！浩浩其天[③]！苟不固聪明圣知达天德者，其孰能知之？

【注释】① 肫肫:肫,音 zhūn,诚恳貌。 ② 渊渊:静深貌。 ③ 浩浩:广大貌。

【译文】唯有天下的至诚,才能够理顺天下的纲纪,确立天下的根本,通晓天地的化育。他哪里有什么依靠呢?仁是那样的纯粹,渊是那样的深沉,天是那样的弘大。如果不是本来就聪明睿智而通达天德的人,谁能理解他呢?

【段意】此章着重归纳“至诚”的德行。朱熹说:“此章言至诚之道。然至诚之道非至圣不能知,至圣之德非至诚不能为,则亦非二物也。此篇言圣人天道之极致,至此而无以加矣。”(《章句》)

《诗》曰“衣锦尚䌹”①,恶其文之著也。故君子之道,暗然而日章;小人之道,的然而日亡。君子之道,淡而不厌,简而文,温而理,知远之近,知风之自,知微之显,可与入德矣。《诗》云:“潜虽伏矣,亦孔之昭!”②故君子内省不疚,无恶于志。君子之所不可及者,其唯人之所不见乎。《诗》云:“相在尔室,尚不愧于屋漏。”③故君子不动而敬,不言而信。《诗》曰:“奏假无言,时靡有争。”④是故君子不赏而民劝,不怒而民威于𫓧钺。《诗》曰:“不显惟德!百辟其刑之。”⑤是故君子笃恭而天下平。《诗》云:“予怀明德,不大声以色。”⑥子曰:“声色之于以化民,末也。”《诗》曰“德輶如毛”⑦,毛犹有伦。“上天之载,无声无臭”⑧,至矣!

【注释】① 引自《诗·卫风·硕人》之篇。䌹,同褧,音 jiǒng,禅衣。② 引自《诗·小雅·正月》之篇。 ③ 引自《诗·大雅·抑》之篇。④ 引自《诗·商颂·烈祖》之篇。 ⑤ 引自《诗·周颂·烈文》之篇。不,丕。 ⑥ 引自《诗·大雅·皇矣》之篇。 ⑦ 引自《诗·大雅·烝民》之篇。輶,轻。 ⑧ 引自《诗·大雅·文王》之篇。载,通“栽”,谓生物。

【译文】《诗》说“身穿锦衣外罩衫”,是厌恶锦衣花纹的显著。所以,君子的道,含蓄而日益彰明;小人的道,显露而日益消亡。君子的道,冲淡而不可厌,简约而有文采,温和而有道理,由近而知远,由源而知流,由显而知微,可以随之进入道德的境界。《诗》说:“潜藏虽然很深,依旧昭然若揭。”所以君子自我省察没有愧疚,没有恶念存在于心中。君子所不可企及的,大概就在人们所看不见的地方。《诗》说:“看你独自处室内,还能无愧于神明。”所以,君子不动就能令人崇敬,不说就能令人信从。《诗》说:“静穆地进行祭祷,没有任何的争纷。”因此,君子不赏赐就能勉励民众,不发怒就比刑罚更能使民众畏惧。《诗》说:“显扬那德行啊,诸侯们都来效法。”因此,君子笃实恭敬就能使天下整治。《诗》说:“令人向往啊,美善的德行,它从不疾言厉色。”孔子说:“用疾言厉色来教化民众,是最拙劣的。”《诗》说“德行轻如毫毛”,毫毛尚且有可比拟的东西,而《诗》所谓“上天生万物,无声无息真渺茫”,这才是至高无上的境界。

【段意】此章承上一章的“天道极致”而言,但重点转为“立心”,也就是自我修养、内心省察。全篇从“天理”说到“人道”,又把“圣人之道”归结为“天理”,论述了它们的作为普遍真理的特点,树立了体现它们的典范(君子和圣人),并点明了达到这一境界的具体途径。正如宋代理学家程颐所说:“其书始言一理,中散为万事,末复合为一理,放之(展开来)则弥六合(充满宇宙),卷之(收起来)则退藏于密(孕含于一切事物的细微之处)。其味无穷,皆实(实在)学也。”(朱熹《章句》引)